日本人の七不思議

Ugaya Masahiro
烏賀陽正弘

論創社

はじめに――外国人が驚く、日本の独り善《よ》がり

世の中には不思議な出来事が様々起きている。とても解せないような超自然現象や未確認生物、謎の古代遺跡などが、人間が持つ未知への好奇心や冒険心を駆り立ててきたようだ。これらの出来事や現象が、それを選んだ人の時代や場所によって、いくつかの「世界七不思議」となって残されている。

自然現象としては、エベレストやグランド・キャニオン、ヴィクトリアの滝、グレート・バリア・リーフなどの景観が取り上げられ、建造物ではギザの大ピラミッド、ローマのコロッセウムや万里の長城、インドの廟堂《びょうどう》タージ・マハルなどが「世界七不思議」として昔から列記されている。

「七」が「不思議」と結びついたのは、古今より「七」の数字が、魔法的で不思議な数字とされてきたからのようだ。世の中には、「七」にまつわる不思議な事例や出来事が多い。例えば一週間は七日、虹の色が七色、音階は七音、キリスト教の大罪は七つである。また、夜空に輝く七つの星は「北斗七星」であり、「七つの海」は全世界の海を表し、ローマ市

街中心部は、七つの丘からできている。

　私はそれにあやかって、わが国における七つの不思議な事柄を取り上げることにした。それは、私たちが気づかないことで、外国人から見れば、奇妙で信じられない物事である。私たちが美点だとうぬぼれて自己満足に浸っていることが、むしろ独り善《よ》がりであったり、日本人特有の長所だと自賛していることが、意外と短所だったりもする。

　本書では、日本伝来の文化や伝統に焦点を置いており、日本人特有の奇妙な癖や習慣は取り上げないことにした。例えば、やたらとペコペコとお辞儀をする、あるいは、うどんをズルズルと音を立ててすする癖や、食べ物を口に入れたままでしゃべることなどだ。また、親子が一緒に風呂に入る習慣などを、ここでは、ことさら取り上げずに、もっと本質的な問題をクローズアップしている。

　かつてイザヤ・ベンダサン（山本七平の筆名）が、１９７０年に刊行した名著『日本人とユダヤ人』（山本書店）で、日本は水と安全がタダだと記して話題を呼んだが、今はどうだろう。安全神話も、東日本大震災や頻発する犯罪事件ですっかり影をひそめ、飲料水も水道水を飲まずに、ペットボトルを買う始末である。時代とともに、物事は大きく変遷しているのだ。

　それを変貌させた最大の原因は、日本のグローバル化が急速に進んだことにあると思う。

日本の株式市場一つ見ても、ニューヨーク株式市場に大きく左右され、連動している。また、ここ数年、多数の観光客が来訪し、国内各地に善悪、様々な影響を及ぼしている。

今や日本だけで物事を判断できなくなり、否応なしに他国と比較せざるを得なくなっている。その結果、私たちは世界的に出遅れている面を見出し、この是正を強く迫られているのだ。そこで、日本独自の長所とされた事柄でありながら、グローバルの視点から見れば首をかしげるような事柄を取り上げることにした。それらは、海外の状況を熟知しないために、私たちが独善的になっている場合が多いと思う。

この日本人特有の不思議さを取り上げるきっかけとなったのは、筆者がアメリカと中国に計20数年も住み、外国を100か国超も渡り歩いた経験に基づいている。風情の違った異国を訪れ日本と対比しているうちに、今まで気づかなかった事例を発見した結果が、本書を書く動機となったのである。

わが国のある学者が、いみじくも「外国は自分の鏡である」と名言を吐いている。私たちが、外国を訪れると、日本の実情と比べることが多い。世の中の事象は相対的にできているので、異国が自分の鏡であるかのように映り、その長所・短所を比較することになる。やれ、日本に比べて物価が高いとか、やれ日本の方が清潔だと感じる。

ユダヤ人の諺に「よく旅をする人は、知識が豊富だ」というのがあるように、旅を重ねるごとに新しい物事を教わり、賢くなるものだ。それを筆者が実感するのは、旅をしながら、思わぬ事物を発見したり、現地の友人から鋭く指摘されたことが多かったからだ。

日本人の不思議さを取り上げたのは、あえて「あら捜し」をして、とやかく問題にするためではない。むしろ、グローバル化が急速に進んでいる流れの中にあって、それを特筆大書することにより、その弱点や欠陥を克服して立派な国際人になることを望んだからに他ならない。日本人の特異さを取り上げて、改善してほしいとの願いから、この短所をどうすれば克服できるかも提案している。

そこで第1章から第5章まで、日本人の特異な先入観や習性を論じ、英語力の貧困さと、コミュニケーション力の不足などを取り上げた。第6章では外見にこだわる女性について触れ、第7章は、日本には構造的な男女格差があり、女性差別、中でもセクハラが深刻化している現状に鑑み、これに紙面を多く割いている。

本書が、今後世界を目指して飛躍する人たちが、グローバルに認められ、進出する上での指針となり、手助けになれば、望外の望みである。

2019年8月　東京都港区にて

烏賀陽《うがや》　正弘

日本人の七不思議◉目次

第2章◉議論をいやがる

第6章◉容貌をもてはやす

第7章◉輝けない女性

第1章◉お金の話は禁物

お金の話を敬遠

日本人の間で、お金に関する話題は一種のタブーとする雰囲気が浸透しているように思われる。私たちはお金のこととなると、それを欲しているにもかかわらず、あらわに口にしたがらない。お金の話をすると、お金目当てとか、稼ぐのが意図だと勘ぐられ、表立った話ができないことが多い。それが何か品が悪い、隠すべきことであるかのようにみなされている。

中には「お金は汚いものだ」とか、「お金持ちは卑しい人」、あるいは「お金は人間を堕落させる悪いもの」と考える人さえいるが、そういう先入観は、捨て去らなければならないと思う。

ユダヤ人は諺で、「お金が人生の全てでないと言う人に限って、何時まで経ってもお金がたまらない」と断言している。確かに世の中には、「お金が全てではない」と言う人がいるが、これは自分にお金がないことに、やせ我慢を張っているか、それともお金の値打ちをまったく理解していないから、そう言っているのではないだろうか。

お金の話をするのが、「みっともない」とか「品がない」という「つつましさ」が高じると、誰とも相談せずに、自力で解決しようとして、だまされやすくなる。

その点、アメリカ人は、こと金銭問題となると、驚くほど率直であり、忌憚《きたん》なく話す。何か新しい買い物をしたり、一流のレストランで食事をした話でもすれば、日本人と違って、彼らはあからさまに「ハウ・マッチ？」と聞く。アメリカ人が、お金のことを、あらわに口にするのは、その真価をよく理解しているからではないかと思う。

先日、ニューヨークの友人の家を訪ねたときのことだ。彼の家は、市内中心部マンハッタンからタクシーで1時間かかる郊外にある。タクシーで乗り付けると、挨拶をそこのけにして、真っ先に聞かれたのは、「ハウ・マッチ？」だった。それを聞いた裏には、通常ならば、電車で来るのをわざわざタクシーで来たので、外人である私がごまかされて、遠回りされたのではないかと考えたようだ。料金を聞くだけで、どの道順で来たのかが分かる。友人は、タクシー代がチップ込みで40ドルだと聞いて、通常料金なので安心したようだった。

また、お金の価値は、買った物や対価によって決まるが、いくらで買ったかによって、そのお金自体の値打ちよりも、それを使った人の裕福さや気前の良さが評価されるのだ。例えば、アメリカ人は顧客を夕食に誘った場合、その招待先のレストランの格、つまり払った代金によって、自分の受けている扱いの程度を知る。中でもお金に敏感なニューヨークの女性は、デートに誘われて、レストランなどで受けた扱い、つまり支払われた代金の多寡《たか》によって相手の愛情の真剣度を計るという。

また、日本人ビジネスマンがニューヨークに出張して、相手顧客からよく聞かれるのは、「どこのホテルに泊まっているの？」である。そのホテルの格によって、所属している会社の気前の良さ、すなわち、金銭的にどの程度の余裕、つまり甲斐性《かいしょう》があるかを判断する。だから経費を節減するため、うっかり安宿や木賃宿に泊まっていれば、個人や企業の信用が落ちるわけだ。だから、私は、商用でニューヨークに行くときは、無理してでも一流ホテルに泊まることにしている。

その良し悪しは別として、彼らにとって、お金が物事を判断し、価値を決める重要な尺度になっている。これを示す実話がある。先般、ニューヨークにいる、ユダヤ人の友人を訪ねたときのことだ。彼は、久しぶりに会えるというので、わざわざホテルまで、自分の運転する車で迎えに来てくれた。彼は、妻と無一文から事業を起こして財を成し、今では郊外に立派な別荘を持つ、悠々自適の身分である。

驚いたことに、彼が乗ってきたのは、目も覚めるようなベンツのコンバーティブルだ。1台1500万円もする高価な代物で、最近買ったという。その豪華さを褒めようとした矢先、彼は私が履いている買ったばかりのテニス・シューズを目ざとく見つけて、

「それ、いくらだ?」

と聞くではないか。そのシューズの値段は、彼の新車に比べれば、1500分の1ほどの安物だ。彼のような大金持ちでさえも、靴の真新しさを褒める前に、その値段が気になることに驚かされたのである。

あるアメリカの著名な科学者は、このことを、

「お金は、実績や成功度を測る、ばかげた尺度だが、不幸にして、それしか普遍的な尺度がないのだ」

と巧みに皮肉っている。

アメリカのビジネスマンは、商談の際に、相手が話ばかりして、具体的な金銭条件を提示しないときに、面と向かって、

〝Money talks, bullshit walks.〟

という常套句をよく使う。〝bullshit(ブルシット)〟の原意「牛糞」が転じて「ホラ」だが、〝talk〟は「ものをいう」、〝walk〟は、「去る」である。つまり、「ホラはいくら吹いても、目的を達成することはできず、結局、金がものをいう」の意だ。この場合は、言外に「言っていることが本気なのか、早くはっきりして、オレの貴重な時間をつぶすな」を意味する。

アメリカ人は、どんなに大言壮語《たいげんそうご》を叩いても、結局、お金が効果を発揮することを熟知している。しかもお金の話をしたがらない私たちと違って、それを公然と口に出すことを、何らためらわないのだ。

金儲けは善

このような欧米人との表向きの違いは別として、私たちは誰でも、本音はお金に強い関心があり、それを稼ぐことを懸命に考えているのではないだろうか。

お金は誰も表立って言わないが、それを欲しがり、どうやって手に入れたらいいかを考えている。なぜなら、社会生活を送る以上、好むと好まざるにかかわらず、お金は私たちに絶えずついて回るからである。衣食住のどの分野を見渡しても、お金と切り離すことはできない。例えば、お金があれば、思わぬ大病や事故にあったときの緊急事態に備えられ、あるいは金不足によるストレスからも解放してくれる。

結局、物事を達成しようと思えば、お金は、一番便利で有力な手段なのだ。人が物を生産し、それを他と交換したり、取り替えようとすれば、お金がその交換価値を決定し、取引を円滑にする。しかも、お金の多寡によって、商品の値打ちだけでなく、人の社会的地位や優劣までも決められてしまう。あるアメリカの経済学者は、そのような現実を嘆いて、「貧富の格差さえなければ、お金は無価値なのに」と皮肉っている。

しかしお金は、人間がこの文明社会を営む上で、経済の潤滑油として必要不可欠である。私たちは、お金と無縁のままで人生を送ることはできない。特に社会に出て、就職して働くときに、否でも応でもお金に関連する人生を送ることになる。

大半の人は社会に出たら、お金を稼がなければ、生きていくことができない。つまり、お金と人間生活は、切っても切り離せない関係にあるからには、お金を儲けることは、決して悪くない。世の荒波を潜《くぐ》るために、自分の存在を保障し、自己防衛をするためにも、金儲けを積極的にすべきなのだ。

お金儲けをするには、臆することなく、何らの罪悪感を持ってはならない。それこそ死に物狂いで、しかも強い意志と自信を持って行わなければ、到底、お金は寄ってこないのだ。

従って、お金儲けなんかどうでもいい、たとえ貧しくても、人生にはお金儲け以外に、より大事なことがあると言う人は、お金を得ようとする強い意志がないので、お金持ちになることは、まずないと断言してもいいだろう。

清貧に甘んじていいのか

欧米人、中でも金儲けの術《すべ》に長《た》けたユダヤ人は、お金のことなら、何の遠慮もなく率直に話す。ましてやお金を稼ぐ段になれば、何らの恥じらいもなく、自分の利益を執拗に追求する。

ユダヤ人にとって、金儲けをすることは、道徳的にも宗教的にも、何ら非難されることではない。むしろ積極的な善であるだけでなく、現世での最大の関心事であり、当然の行為なのだ。

その背景には、長年にわたって迫害された歴史的背景が存在する。中世ヨーロッパで、ユダヤ人は、土地所有はおろか、農業や製造業などの仕事にも従事できず、様々な厳しい職業上の制限を課せられていた。ところが、当時のキリスト教会が、金を貸して金利を取ることを、罪悪とみなしていたのに対し、ユダヤ教は、金儲けをすることを、信仰上是認し、何ら後ろめたい行為ではなく、むしろ善として積極的に勧めてきたのである。

そこでユダヤ人は、いきおいキリスト教徒が罪悪とみなしていた金融業に、専念せざるを得なかった。そのため、中世や近代ヨーロッパで、ユダヤ人に金貸し業の才覚を発揮させる必然性を呼んだのである。彼らが金融業に専心したのは、もともとユダヤ人が、自ら好んで選んだのではなく、やむを得ず生存するために選んだ職業だった。それが皮肉なことに、彼らを金融業に秀でさせることになった。

財力に富むユダヤ人が、国王や地元の権力者に対して、金貸しを始めたが、借り手が返済できなくなると、返済を免れるために彼らを追放したり、殺害すらしたのだ。その際、この苦境を乗り越える解決手段は、支払猶予や賄賂などのお金だった。ユダヤ人にとって、お金が自分たちの安全を確保し、生き延びるための不可欠な手段であり、自己防衛をするための強力な武器でもあった。非ユダヤ人にとって、自国の領土が他民族から侵略されることが、重大で深刻な問題であったように、国を持たないユダヤ人にとって、お金がそれに匹敵するほどの重要性と意義を持っていた。

興味深いのは、ユダヤ人は自分の金について、こだわるだけなく、相手がどれほどのお金を払ったか、またどれだけ金儲けをしたかについて、異常ともいえるほどに関心を持つ。その金銭の多寡によって、物の価値を判断したり、相手に甲斐性があるかどうかを判断する。

わが国には「清貧に甘んじる」という表現がある。これは「富を求めずに、正しい行いをして、清らかに生き、貧乏をする」ことだが、日本では、お金に執着しないことの方を、むしろ美徳とされているのではないだろうか。

あるいは、「武士は食わねど高楊枝《たかようじ》」ともいうように、武士はたとえ貧しくて、食べられなくても、満腹を装って、楊枝を使うものだという。窮しても不義を行わず、清貧に甘んじても、その気位を称えた言葉である。この語は、「やせ我慢」をする意味にも使われている。

だが、このように外見を保ち、見栄を張って自己満足することが、果たしていいといえるだろうか。生存競争が激しく、食うか食われるかの社会にあって、このような考えに、大きな疑問を感じざるを得ないのである。

これをよく示す実例がある。私の日本の友人で、赤字会社の建て直しに親会社から派遣され、長年苦労して、見事に立ち直らせた経営者がいる。彼はまさに心血を注いで業績の回復に貢献して大役を果たし、晴れて退職をする段になった。

その多大な努力と貢献度に対して、私は慰労金か報奨金でも要求するのかと聞いたところ、友人は「立ち直ったとはいえ、まだ赤字会社だから、あえて〝男の美学〟として、もらわないよ」と漏らすのだ。

このような金を求めない〝男の美学〟という言葉は、私たち日本人には、誠に男らしく潔く響く。彼は去ってゆくトップ経営者の美談として、また後継者に対する引継ぎ事項として残しておきたい、と考えたのだろう。

しかし欧米人から見ると、それだけの貢献をしておきながら、格好よく、お金にならない〝男の美学〟だけで満足し、これに対する金銭的対価を何ら求めないというのは、とても信じられないことだろう。なぜなら、彼らはそれまで果たした努力や貢献度は、具体的な金銭的対価によってのみ初めて明確に報いられ、評価されたと考えるからである。

欧米人は、そのような明確な信念を持っており、日本人と大きく異なるのは、お金に関する感覚の違いではないかと思う。アメリカの諺に、「その人の真価を知りたいのなら、彼が損をしたときの顔つきや仕草を見ろ」というように、彼らは、お金が人に与える影響力をよくわきまえている。

先立つ物はお金

「先立つ物は金」とは、よく言ったものである。このことを筆者が身をもって知ったのは、ゴルフの上達に懸命になっていた頃だ。

私が初めてゴルフを覚えた、というよりは、無理やりやらされたのは、ニューヨークに赴任したときのことである。当時、日本人商社マンの間では、休日の楽しみといえばゴルフだった。日本と違ってパブリック・コースは郊外に豊富にあり、利用代金も日本の10分の1という安さである。

市内から自動車で1時間も走れば、途中の田園風景を楽しみながら、好きなコースが自由に選べる上に日本のように混んでいない。中には18ホールが同じ場所に4か所、計72ホールの広大なコースもあった。そのことから、多くの単身赴任者にとって、ゴルフは週末の格好の気晴らしとなっていた。

現地に赴任早々、同僚に引っ張り出されたのが、ゴルフ・コースである。それまで、ゴルフのクラブすら握ったことのない私が、いきなり実地でプレーしたのは、今から思えば無謀だったが、彼らとうまく付き合わなければと考えたからだ。

しかし、何回も一緒にプレーをしているうちに、ゴルフの楽しさと醍醐味が、だんだん分かるようになった。そこで、上達法を友人に聞いたり、解説本を読んだりして向上に努めた。日本に帰任した頃には、一応、初心者上達の目途《めど》とされる、100のスコアを切り始め、その前後にとどまっていた。

ところが帰国後、取引先とのコンペに参加して、シングルの腕前を持つ客先と一緒にラウンドしたときに大きなショックを受けたのだ。彼は、私のスイングのフォームを見るなり、

「やはり、ゴルフはお金をかけないといけませんね！」

と、まさに頂門《ちょうもん》の一針《いっしん》、実に痛いところを突かれたのである。

ニューヨーク駐在時代は安月給の駆け出しであり、プロの先生に教わるお金の余裕がなく見様見真似の我流で腕を磨いていたのだが、やはり限界があった。客先から、私のフォームの欠陥をずばり見抜かれたのである。

何といっても先生は偉大である。上達しようと思えば、いい先生についてその指導を仰がなければばならない。だがそれには、授業料、つまり、お金がどうしても必要だ。つまり、イニシアル・インベストメント、初期投資が不可欠なのである。しかも世の中は皮肉にできていて、いい先生ほど授業料は高くつくときている。

何事をするにもお金がないと物事は思うように進まないのは事実である。事業を始めるにも投資をするにしても、資金、つまりお金が必要だ。つまり、「先立つ物は金」なのである。

このようにお金は必要な物だけに、それを巡るトラブルは日常茶飯事である。これはアメリカの話だが、最近、ある調査機関が調べたところによれば、夫婦間の緊張関係が高まるのは、約84％までが金銭問題であり、セックスよりも多いという。

「先立つ物は金」を再び痛感させられたのは、久しぶりにニューヨークを訪問したときのことである。夕方、予約がなかなか取れないので有名なイタリアン・レストラン、バボ(Babo) に出かけた。同市に行く度に予約を試みても、何時も断られるほどの人気店なのだ。そこで渡米前にインターネットで予約を試みたところ、驚いたのは、１か月前でないと予約を受けつけないことだった。

そこで１か月前にインターネットで予約を取ったが、もっと驚いたのは、予約を確認するため同店からわざわざ東京の小生宅まで電話がかかってきた上に、予約番号まで知らせてきたことだ。この予約番号がないと、当日来店しても満席で断わることがあるという。予約がなかなか取れない店なので高姿勢かと思ったら、予想外の丁寧な対応の仕方であった。

ようやく予約できた店だけに、予約時間の７時に遅れてはならないと思い、タクシーで行こうとしたが、ホテル近くのにぎやかな大通りでタクシーを止めようとしても、退《ひ》け時なので空車がなく、全然つかまらない。

やむなくホテルに戻って、ホテルのリムジンを頼んだら、通常ならホテルから20分かかるレストランまでのタクシー代は20ドル（約２２００円）だが、実に70ドル（チップ込み、約７７００円）も払わされたのだ。

ちなみにＪＦＫ国際空港からニューヨーク市内まで１時間半もかかるタクシー代は定額

で52ドル、それにトンネルのトール（通行代）8ドル計60ドル、プラス、チップの10ドルで合計70ドルはかかる。それと同額となるほどの高値なのだ。需給関係で、泣き泣き払わされたが、つくづく「地獄の沙汰も金次第」を味わわされたニューヨークだった。

キャッシュ・イズ・キング

お金のことを、あからさまに言うアメリカ人を象徴的に表す言葉に、「キャッシュ・イズ・キング（Cash is king.『現金は王様なり』）」という金言がある。私たちがお金を支払う方法は多くあり、例えば、カードや小切手、付けなどと様々だが、中でも現金が最も融通性があって強力なのだ。これを示す実話がある。

私の友人に、日本の一流企業で財務部門を担当する重役がいる。彼は、現金が企業にとって、どれほど重要な存在であるかを、もちろん仕事柄熟知している。その彼が、アメリカの一流会計事務所の本社を訪問したときのことである。目的は、在米関連会社の監査と決算の打ち合わせをするためだった。

そこで彼が驚いたのは、会議室で、先方が机の上に用意していた社内メモ帳の上部（レターヘッド）に〝CASH IS KING〟と大書されていたことだ。アメリカ企業の専門の大手会計事務所といえども、この金言をメモ帳に明記するほど重視していることを、彼は身をもって知ったのである。

キャッシュ・フローは、その現金の流れの出し入れを示すものだ。端的に言うと、「キャッシュ・フローがいい」ことは、現金が手元に潤沢にあり流動性が高いことを示し、片や「キャッシュ・フローが悪い」とは「お金がない」、つまり懐が寒いことを意味する。そこで、キャッシュを手元に多く持てば持つほど優良企業ということになる。この実態は、決算書中のキャッシュ・フロー計算書を見れば判然とする。

企業にとって、売り上げをいくら増やしても、それは売掛金として計上される。買い手との契約条件が手形の場合、支払期日が90日とか120日であれば、手形が落ちて現金が入るのは支払期日後になる。つまり、その支払いを受けて現金が実際に手元に入らない限り、儲けたとはいえないのだ。

というのは、手形が落ちるまでに、予期せぬ事故やトラブル、例えば取引先の倒産や経営不振で不渡りになったり、あるいは商品クレームなどで支払い延期の口実にされる可能性が残されているからである。

企業経営者は、手形を確実に現金化して、初めて従業員に給料を支払い、あるいは借り手に返済の目途が付けられる。従って、現金の出入りを的確に把握することが極めて重要となる。一方、社外からは、この流れによって当該企業の実態が素早く把握できるメリットがある。このことから、業界で「利益は意見、キャッシュは事実」というわけだ。

なお簿記における勘定項目としての「現金」とは、現金通貨や預金だけでなく金融機関で直ちに現金化できる通貨代用証券も含まれている。それには、他人振り出しの小切手、期限の到来した公社債の利札《りさつ》（債券に付されている債権利子の支払い保証券）、配当金領収証、郵便為替証書、それにトラベラーズ・チェックなどがある。いずれも現金化の確実なもの、つまり流動性が高い資産を意味する。

現金が、企業だけでなく個人にとっても、どれほど重要な意義を持つかについて、これを自分の家計に当てはめると分かりやすくなる。

その例として、手元に現金がないと、公共料金や租税、それに年金とか国民健康保険が支払えない。それに電車賃やバス代、タクシーなどの交通費には現金が必要である。たとえカードで後払いにしても、何時かは現金で支払わなければならない。

さらに夫の小遣いや子供の学費だけでなく、結婚のご祝儀や葬式の香典にも必要だ。現金は、一定の金額を、手元や当座預金に常時用意しなければならないほど不可欠なのだ。これがキャッシュ・フローである。

キャッシュ・フローが潤沢であれば、思わぬ支出の事態、例えば交通事故や天然災害が起きても、十分に対応できる。つまり、それは家計にゆとりのある家庭であり、「備えあれば憂いなし」なのである。

現金は最良のブローカー

現金が最良のブローカーとなることも事実である。ブローカーとは、仲介や紹介で利益をあげる業種を意味するが、現金は、このようにビジネスの仲介や斡旋、つまり金儲けを何よりも容易にしてくれる。なぜなら、キャッシュが取引相手を引きつける最大の魅力となり、どんな取引でも、それを最もスムーズに運ばせる潤滑油のような役割を果たすからだ。

さらに、現金を持っていれば、その強みと威力を発揮できる。誰でも現金取引と聞けば、多少の値引きに応じてでも、それに乗り気になりやすい。現金であれば、不渡りの心配はないし、クレジット・カードや手形のように物的証拠が残らない。特に裏金が動くような、あるいは必要なビジネスでは、大いに幅を利かす。

また、商品を買うとき、小切手や手形ではなく現金で支払うと、何らかの割引を要求するのが、欧米では当然の常識となっている。事実、一部の店ではクレジット・カードでなく現金で払うと、カードの手数料を代金から割り引いてくれる。それほど現金がモノを言うのだ。

日本ではそのような融通性はまだ広く見られないものの、一部では、この慣わしが行われ出しているようだ。私の行きつけの寿司屋は、「カードでお支払いの場合は、手数料5パーセントをいただきます」との張り紙を出している。

それ以外の個人としての利点は、カードで支払えばつい気が大きくなって余分に、あるいは必要以上に買うことを多くの識者が指摘している。事実、分割払いやキャッシングの場合、カード会社が手数料を取っている分を、現金払いなら払わなくてもすむ上に、カード会社に支払う年間手数料も払わなくてもいい。ちなみにアメックス・ゴールドカードの年会費は29000円である。

さらに、英語で現金のことを、別名「コールド・キャッシュ（cold cash）」と呼んでおり、日本語の「現ナマ」が適訳だ。その由来は、一昔前までは、通貨は主として金や銀などの金属硬貨でできていたので、その手触りから「冷たいお金」になったと言われ、現今では紙幣を一般的に指すようになっている。

そこで、ある識者は、現金を手元に持っていれば、その物理的形状や触感によって、財布の紐が固くなり、カードを使うより手元に置くようになって、支出の欲望を抑えられて倹約できると助言している。

ピン札の効力

同じ現金でも、使い古びた紙幣と新しいものとは、価値は全く同じなのだが、不思議なもので、もらう方から見ると、新しい方が遥かに重宝に思われ、気持ちのいいものである。

この新しいお札は、厳密に「ピン札」と「新札」に分けられる。ピン札は使用されているけれども、折り目のない綺麗なお札を指し、新札は銀行で発行した未使用の新券を意味する。結婚式のご祝儀には、式を心待ちにして準備したという意味合いから、新札を用意すべきだとされている。

このピン札が、額面以上の価値を持っていることを示したのは欧米人でなく日本人であるのは褒められていいと思う。それを如実に教えられたのは、著名な銀座洋食店の主人からである。彼は支払いの際、お釣りに必ずピン札を出すのだ。

ある日、その主人が開店前に銀行から出てくる場面に、たまたま出くわしたので、毎日ピン札を代えに行くのかと聞いたら、そうだと言う。銀行に毎日行くだけでも大変な手間と努力を要する。その店の味の良さもさることながら、このような細かい気配りが、同店の人気を長らく呼んでいる秘訣なのかもしれない。

そのことから私は、いざというときのご祝儀や心付けのために、財布の中にピン札を常時用意している。ピン札を出すことで、前もって用意したという思いやりが相手に通じる利点を悟ったからである。

なお、多くのホテルでは、披露宴の招待客らに新札への交換を無料で行い、そのようなサービスが顧客の満足度を高める手段になっているようだ。特に古い仕来りが残っている土地柄、例えば京都では、お祝い事には必ずといっていいほど新札が使われ、旅館や土産物屋でお釣りを新札で払うところが多い。ただし、香典の場合には、古いお札を使用する習慣がある。

金銭感覚を磨く

日常生活において、金銭感覚を持つことは非常に重要である。金銭感覚とは、金銭の価値や使い方に対する感覚を意味する。具体的には、稼いだお金をどのように使い、貯めるかを考えることだ。その感覚が狂うと、桁違いの金銭を支出したり、クレジット・カードを使って、お金を払うという自覚が薄れて、無駄使いすることになる。

逆に、感覚が磨かれると、その使い道に賢くなり、不要な支出を差し控えさせてくれる。いきおい、節約や倹約をして貯蓄することになり、不慮の事態や老後の生計に備えられる。

これまで説明したように、同じお金だと言っても、日常生活における現金の果たす役割は、他の手段に比べて抜きん出ており、金銭感覚の中の中核的存在だと言っても過言ではない。その重要性を認識して念頭に入れておけば、金銭感覚が麻痺することはない。ある識者は、財布に必要な現金だけを常時入れておいて、それ以上に使わない癖をつけることを勧めている。

また、金銭感覚を鍛えるには、先方からお金の話を持ち出されたら、躊躇せずに進んで対応すべきである。それを率直に口にすることで、多くを教えられるからだ。その実例がある。

私がかつて課長を務めた頃に、アメリカ人大手バイヤーから、単刀直入に、

「あなたの給料はいくらか？」

と聞かれたことがある。

一瞬、失礼な質問だと思ったが、それが彼らの癖だと思い起こして、逃げずに実際の額を教えたところ、

「そんな安い給料で、なぜ、がむしゃらに働くのか？」

と詰問するので、躊躇しながら、

「名誉です。課長の名刺を差し出せば、どこでも信用してツケにしてくれます」

と答えたら、

「名誉は、何ら金にならないよ！」

と、実に痛い所を突かれて、二の句が継げなかった。名誉に金銭的価値があると考えていた私の金銭感覚の欠如を指摘されたのだ。

それを契機に、自分が課長職に甘んじていることをいたく反省し、自分の将来を真剣に考え直させられた。

このように、お金のことを忌憚なく話すと、周りからいろんな刺激や教訓を受けて、金銭感覚が磨かれ、自己向上につながるのである。

第2章◉

議論をいやがる

議論を好まない

なぜ、日本人は議論することを避けたがるのだろうか。テレビで、討論会と称する番組を観ていると、互いに白熱の意見を交わしているのではなく、一人一人が独演をしているかのようだ。対談相手が話している最中に、彼の意見を聞いているのかと思いきや、見向きもせずに、次にしゃべる原稿を読んでいる。これでは激論を交わす討論でなく、単なる対談どころか独演会である。アメリカのテレビ番組の討論会でみられるような、面と向かって、丁々発止とやり合うのとは対照的だ。

アメリカ人は日本人が論議をしたがらないのは、相手を批判すれば自分も批判されるかもしれないことを恐れていると考えるようだ。特に日本女性の場合、奥ゆかしさを美徳とするせいか、淑《しと》やかさや、へりくだる謙虚さが求められるが、これは欧米人には通用しないのである。

これを示す実話がある。2012年12月、スノーボードW杯パラレル大回転で竹内智香《ともか》が初優勝を飾った。彼女は異端派を自負している。日本の強化体制に不満を持った挙句、意を決してスイスのナショナル・チームに片言のドイツ語で直訴して帯同を許され、腕を上げた経歴がある。優勝後、彼女がいみじくも語った。

「日本人が美徳とする謙虚さは、勝負の世界ではプラスにならない」

この名言は、スポーツ分野だけでなく、ビジネス界、特にグローバルに活躍する上でも、広く通用し、適用できると思う。

欧米人と付き合って特に感じるのは、彼らが日本人に比べて、一般的に会話を交わすのが上手なことである。よく見かける奇異な光景は、外国人と日本人が一緒になるパーティーで、日本人が外国人と混じりあって話し合う場面を見かけるのは少なく、日本人同士で固まってしゃべっている。

もっと驚くのは、欧米の女性は、自分の意見を臆面もなく話し、話し方も明確で堂々としている。中でもイギリス人は、男女を問わず話術がとても巧みである。そのわけを現地識者に聞くと、もっともなのだ。小学校のときから、話すことが、書くこととともに必修科目になっているからだという。

日本人が話し上手になるには、イギリスに見習って、小学校のときから話し方を教えるべきだと思う。通常、学校教育に見られるのは、先生が一方的に話し、生徒は聞くだけである。私の経験では、大学の法学部の授業では、教授が大勢の学生を前にマイクを通して講義をしていた。従って、ほとんど教授のナマの声すら聞いたことがなかったのである。

ましてや、面と向かって先生と議論することはなかった。

また外国人は、日本人に何かを聞いても、曖昧な返事をするか、それとも押し黙っているので、何を考えているのかさっぱり分からないとよく言う。これは、言葉や行動で表さずに相手の感情や真意を暗に察することが、謙虚さや礼儀正しさにつながると考え、それらを品格として重んじてきた伝統に由来しているようだ。

日本では「以心伝心」や「暗黙の了解」という言葉があるように、言いたいことを明確に言わなくとも、ほのめかすだけで相手が察するという方法が好まれている。言葉に出さずに、言い立てない謙遜さが美徳とされる典型は、直接的な言葉や行動に示さずに、度胸や経験で物事を処理する「腹芸」となって現れる。あるいは、相手といきなり直接交渉することを避けて、遠回しに「根回し」をする作為がよく利用される。

これらは日本で長年培われた叡智であり、日本社会においては通用する文化かもしれないが、国際社会では通じないのだ。

その例として、日本企業は問題が起きると、体面にこだわり、顧客に心配をかけまいとして、内内《うちうち》に処理して荒波を立てないようにする。一方、外国企業は、困った事態に直面すると、その事実を顧客に率直に話し一緒になって考える傾向にある。むしろ、それによって顧客との信頼関係が培われ、問題解決を早めると考える。私たちがグローバルに通用する人間になるには、彼らのように積極的に発言する習慣を身につけなければならないと思う。

日本の外交のやり方も、礼儀正しく、物静かのように見える。たとえ相手の主張に賛成しなくても、黙ってうなずくことが少なくない。これは外国人と折衝する際によく見られる光景で、自己主張をしない日本人の典型的なやり方である。

物静かで礼儀正しくあることは日本人の美質とされているものの、これでは相手から何を主張しているのか、明確な考えや態度が把握され難い。その言い方や表現方法に巧拙はあろうが、やはりイエスかノーかを明確に答えて、態度をはっきり表現しなければならない。さもなければ、外国人と折衝をする上で相手から見下げられ、巧みに交渉することはできないのである。

交渉下手な日本人

議論が下手なことは、交渉事の下手さにつながっている。私たち日本人は、交渉が重要な行為であるにもかかわらず、それに慣れてないせいか、苦手である。有名人が多くの外国人相手に講演をする集まりでよく見かける光景は、外国人が積極的に手を挙げて発言するのとは対照的に、日本人が押し黙っていることだ。

その理由として、日本人は「沈黙は金」というように、言葉が少ないほど美徳であると考えることがあろう。だが、欧米では、黙っている日本人は意見がない退屈な人間と見られるだけでなく、黙ったままでいると、発言する中身や能力がないと見なされる。欧米社会、中でもアメリカ社会では、積極的に自己主張をせず黙ったままでいると、現状のままを了解したと、取られやすい。

日本のプロ野球選手がメジャーリーグに移籍して戸惑うのは、練習のメニューが決められた日本と違って、選手の考えを尊重する自主性であることだ。自分のやり方で調整したいとはっきり意思表示をしなければ、置いてきぼりを食うことになる。つまり、「遠慮は損慮」なのである。

それだけでなく、外国では、沈黙は同意や黙認と受け取られかねないのだ。事実、国際機関のEU（欧州連合）やNATO（北大西洋条約機構）では、一定期間内に異議を唱えなければ、同意したとみなす規定があるほどだ。そこで、対人折衝である交渉では、どうしても自己主張をせざるを得ないのである。

わが国では、交渉事といえば、何か策略を用いたり権謀術数を巡らしたりして相手の裏をかく、駆け引きでもするかのように考えている。私たちは、交渉の場で面と向かって激しく議論をしたり非難し合ったりすることを避けて、波風を立てずに収めようとする。直接交渉を避けて、「阿吽《あうん》の呼吸」とか「暗黙の了解」で、掛け合いなしに円満裏に折り合って笑顔で妥結する場にしたいと願う。

相手がどうしてもこちらの要望を受け入れない場合、「拝み倒す」とか「土下座」の手段で要求を呑んでもらおうとする。このやり方は、日本人同士では通じることがあっても、欧米人にはまったく通用しない。

交渉に議論は付き物

そもそも交渉とは、利害関係にある人たちが合意を達成するために話し合う、という広い概念を持っている。具体的に言うと、当時者が自分の利益や目的を実現し、あるいは達成するために相手を説得する、一連のプロセスを指している。

私たちの目に留まるのは、新聞やテレビをにぎわす外交交渉や人質交渉、それに企業の買収・合併に伴う企業間の交渉である。その派手な報道の割には、私たちの生活に直接影響することが少ないので、何か他人事のようにしか見えない。

ところが、いったん交渉が私たちの身近な日常生活に及ぶと、もっと具体的になり、欠かせない事柄になってくる。例えば、家を借りている場合、更新時に家賃や改装などの条件を家主と掛け合ったり、買い物をして商品に欠陥が見つかれば、その返品や交換などを店の責任者と話し合ったりするケースなどが挙げられる。家庭内の親子間でも、学校問題や小遣いなどを巡っていろんな交渉事が行われる。

また、会社生活においては、仕事の内容や条件について上司と話し合うこともあろう。あるいは、転勤や退社に際して起こる様々な問題を、会社側と膝詰め談判で掛け合わなければならないこともある。

これらの場合に、交渉をする必要性が付いて回るが、逆に、相手から何かを不当に要求あるいは請求されて交渉を強いられ、その受け手になる場合がある。例えば、住んでいるマンションで階下の住人から騒音で苦情を受けたり、交通事故を起こして相手から訴えられることがあろう。

このように社会生活においては、利害関係や価値観の違いから大小様々なもめごとが度々生じる。中でもビジネスの場では、トラブルがしばしば付いて回り、それは金銭問題が絡むだけに、なおさら厄介である。

社会は人と人とのつながりからできている以上、その間に摩擦や葛藤が起こることは避けられず、否応なしに交渉しなければならない。そのやり方の良し悪しによって結果が大きく左右されるだけに、交渉術に長けなければならない。その上で、欠かせないのは議論のうまさである。なぜなら、自分に有利に事が運べるように、筋を通して相手を説得しなければならないからだ。

重要な交渉力

最近では、海外企業や機関との接触や交流が増えるにつれて、私たちは否応なしに交渉の場に立たざるを得ないようになっている。それに伴って、以前に比べれば、交渉を避けずに向き合う傾向が見られるものの、それでも欧米人と比べると話し方はぎこちなく、説得力がない。

交渉は根回しのように組織内で行われる場合もあるが、やはり外交や営業活動をする上では、組織外で行う交渉が、なんと言っても重要になってくる。また話し合いには、文書や電話による方法もあるが、面と向かって行うのが、より効果的である。というのは、発言や表情から相手の意図や出方を素早く読み取れるだけでなく、状況に応じて臨機応変に対応し、その上、論理立った説明以外に先方の感情に訴えることができるからだ。理屈が通らないときによく使われる手は、泣きを入れて哀願をしたり顔を立ててくれと迫ることであり、中国人ならば必ず「面子《めんつ》を立てろ」と言うだろう。

特に問題が込み入っていて、文書では表現できないニュアンスを伝えたかったり、誤解を解きたかったり、早期に解決を図りたいときに、膝詰め談判で話し合う方が手っ取り早いので、より効果的である。

アメリカ・ビジネスマンの間で特に有名なのは、日本人が彼らと取引をする際に、その良し悪しは別として、単独ではなく複数で望むことだ。商談などの場で、アメリカ人1人に対し、相手の日本人が集団というアンバランスな光景をよく見かける。バイヤーが難題を吹っかけると、日本側が鳩首《きゅうしゅ》凝議《ぎょうぎ》する場面にしばしば出会う。

私たちが集団で交渉の場に臨むのは、日本特有のやり方ではないかと思う。これは1人で責任を取るのをなるべく避けて、みんなでそれを分け合う慣わしに由来しているようだ。これは「護送船団方式」と呼ばれており、日本人がお互いをかばい合い責任を分かち合う「横並び志向」の表れだとされている。

アメリカ人は個性が強くリーダーシップに優れた人物が多いといっても、彼らの中には、日本人は個人的に能力が劣りながら、チームの結束力で対抗してくるので怖い、と漏らす者もいる。

しかし、これからの日本人は、世界に向けて飛躍し発展するため、いかなる場面でも、どんな相手に対しても、自力で物事を解決できるような交渉力を持つ個性豊かな人間にならなければならない。

議論好きになれ

遠慮や謙虚さを克服するには、どうしたらいいだろうか。それには、議論好きになることだと思う。

外国では議論して主張するのが当然だとされるのに対し、日本では日常議論する慣わしがなく、下手に議論をすれば煙たがられる風潮がある。日本の議論といえば、波風を立てずに平穏に進めることだ。相手に対して丁々発止と是々非々を論ずるのではなく、議論というよりも放談になっている。議論を特異とみなす環境に育った日本人が、それが当たり前の欧米人と交渉をしたり議論をするのが下手なのは、当然の成り行きかもしれない。

その上、日本人は一般に話術が下手である。その原因は、欧米人は幼少時から学校で議論することを積極的に勧められているだけでなく、「話し方」も教えられる。そこで見習うべきは、ユダヤ人の教育法だと思う。

ユダヤ人は大の議論好きである。「ユダヤ人が2人集まると、政党が3つできる」というくらいだ。普通ならば2つの政党に分かれて議論をするところを、ユダヤ人は大の議論好きで理屈をこねるから、いつの間にか3つの政党ができて議論し合うという。矛盾しているようだが、彼らの議論好きをうまく表現している。

その原点は、幼少教育にあるといわれている。彼らは自分たちのシナゴーグ（礼拝所）をシュル（shul）と呼んでいる。シュルの語源はドイツ語の〝schule（シュレ）〟で、「学校」を意味することから分かるように、ここが神を礼拝する場所であると同時に、互いに一緒になって学んで話し合い、議論をする場なのだ。

シュルは、紀元前6世紀にまで遡ることができるほど古く、ここで学習する伝統は長らく続いており、現在、アメリカのユダヤ人の礼拝所でもこの伝統が引き継がれて、多くの子供が参加している。

ユダヤ人はこのシュルで、彼らの聖典『タルムード』（原典トーラの解釈を加えた集大成）を幼少時から暗記し、老いも若きも一緒になって子細に検討しながら議論し合った。その大きな特徴は、タルムードが教える「学問は、集団を通じてのみ達成できる」に従って、グループに分かれて活発な議論や討論を重ねながら、互いに切磋琢磨することだ。議論の対象は宗教問題が中心だが、物事に対して懐疑的になることを教え、「なぜ？」と問いかけて答えさせた。生徒が神を否定することすらあえて許したほど、徹底的に論議が進められた。これが彼らの議論好きを生んだのである。

「どうして?」、「いつ?」、「どうやって?」といった、何事に対しても疑問を抱かせる考え方を幼少時から深く植え付けさせた。だから、彼らは会話の中に疑問形を盛んに使う。

これについて、こんなジョークがある。

ある人がユダヤ人に聞いた。

「ユダヤ人は、なぜ、質問をされて、何時も違った質問で聞き返すの?」

「それが、なぜ悪い?」

つまり、疑問形(Why?)で尋ねられて、また疑問形(Why not?)と、聞き返すところが面白く、ユダヤ人が絶えず疑う性癖を巧みに揶揄《やゆ》している。

事実、疑問形で聞くことには様々な効力がある。例えば、質問をすることで相手の意図や考えを探って本音を見出したり、自分の返答を考えるための時間稼ぎをしたりすることもできる。

さらに、議論を交わせば論理的思考が養われて分析力が身に付き、批判精神も大いに涵《かん》養《よう》される。加えて話術も巧みになるので、人とのコミュニケーション力に秀でさせる利点がある。これによって違った角度から物事を見られるようになり、今まで気づかなかった事実を知って、新しいアイディアが生まれるメリットがある。

議論好きで様々な意見や見識を持つユダヤ人の性格を表すジョークがある。

1920年代、ポーランドの首都ワルシャワには多くのユダヤ人が住んでいた。そこを訪れたユダヤ人が帰郷して、友人に語った。

「あそこのユダヤ人専門学校に行ったら、びっくりしたよ。聖書を丸暗記している人もいれば無神論者もいた。また多くの従業員を抱えた衣料店の経営者や、熱烈な共産主義者もいたよ」

そこで友人は言った。

「何も驚くことなんか、ないじゃないか。ワルシャワは大都会で、100万人のユダヤ人が住んでいるというよ」

男は答えた。

「お前には理解できないだろうが、みんな同じ人物なんだ」

なお、ユダヤ人が、どれほど議論を徹底的に行ったかは、議論や説明するときによく使う「例えば」をはじめとする挙例は、彼らの格言で、「例をいくら挙げても立証したことにはならない」としたことから見てもよく分かる。つまり、例は参考になるかもしれないが、何ら証明の証拠にならず、あくまでも筋道を立てて、納得のゆく論理で証明すべきだとする。

また、「自分が正しいことをあまり長く主張すると、かえって間違いとされる」とも言い、自分が正しいとしつこく言い張り過ぎると、かえって逆効果になるので、自己主張もほどほどにせよと戒めている。

２０１０年に、ハーバード大学のマイケル・サンデル教授が主催した「ハーバード白熱教室」が、ＮＨＫ教育テレビで12回にわたって放送され、大変な人気を呼んだ。それは、教授が提起したテーマを、学生と一緒になって激しく議論し合う仕組みになっている。このように学生に疑問を持たせて、教授と意見をやり合うことは、とても有効な知的向上の手段であると思う。ちなみにサンデル教授はユダヤ人である。

外交交渉力には議論

ユダヤ人が、交渉が上手だというのは、議論好きのため論理的な思考が養われているからである。アメリカの外交交渉を見ても、ネゴシエーターにユダヤ系が非常に多いことから考えても、よく分かる。その最たる例は、ヘンリー・キッシンジャーではないかと思う。

彼は、アメリカのニクソン政権とフォード政権期の国家安全保障問題担当大統領補佐官や国務長官を歴任した間に、大きな足跡《そくせき》を２つ残した。

一つ目に、1971年に、ニクソンの「密使」として、中華人民共和国を、極秘裏に二度も訪問した。その際、周恩来と直接会談を行って米中和解への道筋をつけ、歴史的な国交正常化への道を開いた。

二つ目に、この中華人民共和国との和解を交渉カードに、ベトナム戦争終結に向けて北ベトナムとの停戦交渉を行った功績である。1973年にパリ協定が調印され、1960年代からのアメリカにとって最大の難問だったベトナム戦争を終結させる道筋をつけたのだ。その功績によって、アメリカ交渉団の代表だったキッシンジャーは、ノーベル平和賞を受賞した。

このようにキッシンジャーは、名うての交渉の達人である。その流れを汲んで、アメリカ政府の代表的なネゴシエーターは、ほとんどがユダヤ系なのである。例えば、2014年、TPP（環太平洋経済連携協定）での日本の交渉相手、米国通商代表マイケル・フローマンはユダヤ人である。

フローマンは、ハーバード大学とオクスフォード大学で学を修めた俊英で、「タフ・ネゴシエーター」の異名があるほど、日本側が手を焼いた辣腕《らつわん》の相手である。2014年4月、オバマ大統領が国賓で訪日した際、それまでに難航しているTPPに折り合いをつけるべく、日本側が2014年4月だけで40時間もかけて、フローマン氏と懸命に交渉をしたが、説得するに至らなかった。それほど彼は、交渉事に慣れており、一筋縄では行かない凄腕の持ち主なのである。

フローマンは、アメリカ側が日米首脳会談の交渉期限が迫ってくるに従い、交渉を有利に導くため条件をより難しく変えてきた。

それに思い当たる節があるのは、筆者もユダヤ人取引先に悩まされた経験があるからだ。ニューヨークに出張して、ユダヤ人バイヤーと懸案問題を交渉していたときのことだ。何回会っても提示条件を受けてくれないので困っていた。だが、それを見透かすかのように、帰国日ぎりぎりになって自分に有利な提案をするのだ。つまり、離米までに商談を成立させたいと焦る私の足元を見て、自分にとって有利な条件を引き出そうとする。そこで知ったのは、これはユダヤ人が取る常套手段であるということだった。フローマンは、この手を使っていたのである。

なお、その後TPPは、彼によって締結されないままに、トランプ政権に代わってからトランプが離脱を表明したため暗礁に乗り上げたが、2018年1月、アメリカを除く11か国によって合意され、同年3月に調印された。

駆け引き下手な日本人

交渉につきものなのは、駆け引きである。駆け引きとは、交渉や談判などで、相手の出方や状況に応じて、論理と話術を尽くして、自分にとって有利になるように事を運ぶ術を意味する。相手の出方を見ながら臨機応変に対応し、ビジネス上では、価格交渉がその典型となって表れる。

ところで、交渉と駆け引きとは、どう違うのだろうか。わが国では、交渉と駆け引きとを同一視したり、混同する向きがあるが、駆け引きは、交渉そのものでなく、その一部にしか過ぎないのだ。

つまり交渉の中には、戦略や戦術の策定、交渉相手の選定と事前調査、相手との折衝、それに、後の反省や対策などを含んだ幅広い概念とプロセスがある。この交渉を実際に相手と行い、有利に展開させる具体術が、他ならぬ駆け引きなのである。

ビジネス界では、ユダヤ人は駆け引きが強いとよく言われる。だが、彼らにとって駆け引きとは、私たちが考えるように、何ら悪意に満ちただますための手段ではなく、むしろ交渉を有利に導くための必要不可欠なテクニックなのだ。それには、筋道立った主張を巧みな話術で補わなければならない。

言うなれば、腹の探り合いでもある。自分の弱みや欠陥を伏せながら、一方で、相手の弱点や欠点を探り出してそこを鋭く突いていく。事前に相手の弱みを調査してから掛け合うこともあれば、話し合いながら見つけることもある。そこで、ユダヤ人がなぜ駆け引き、ひいては交渉が得手なのかを、筆者が彼らと長年商取引をした経験から考えてみたい。

交渉に英知を駆使

このように交渉の一環である駆け引きは、自分の利益や目的を達成するために相手と渡り合う、まさに虚々実々の行為である。だが、それは決して巧言を操ったり、策を弄することではない。駆け引きすることは、ユダヤ人にとってトランプのポーカー・ゲームでもするような単なる遊びではなかった。歴史的に自分たちが生活し、生き延びる上での、それこそ死に物狂いの不可欠な手段だった。

それだけに、彼らの駆け引きには真剣みと迫力があり、そのテクニックに非常に長ける結果となった。英語で駆け引きのことを、「バーゲニング（bargaining）」と呼んでいる。わが国では「バーゲン」といえば、「安い買い物」や「見切り品」という意味合いで一般化しているが、英語にも同じ意味があるものの、もう一つは動詞になって、「駆け引きをする」ことである。

バーゲニングは、交渉事の中で、特に売買行為や物々交換などの金銭にまつわる直接・間接的事項を具体的に駆け引きする際によく使われる。ユダヤ人がとりわけ得手とするのは、まさしくこの分野での駆け引きなのだ。

彼らは、相手の出方に対して臨機応変に態度や言動を変えて物事を自分に有利に運ぶように説得を試みる。それには話術を中心に、論理や心理、感情、身振りなどが駆使される。

自信を持って駆け引き

ユダヤ人が、ビジネス界で多くの成功を収めることができたのは、この巧みなバーゲニング術に負うところが極めて大きい。このことから、人と人の間に入って取引を仲介したり斡旋するブローカーの職にユダヤ人が多いのは十分にうなずける。彼らの金儲けのための駆け引きに、私たちが教えられるところが少なくない。

彼らがどれほど駆け引きが好きかについて、取引先のユダヤ人から聞いた話がある。

彼の取引先に、支払いが悪いことで悪名高い客先がいた。その客が取引先相手に、盛ん

に駆け引きをしている。それをそばで見ていた私の友人が、彼に、

「どうせ、あなたは支払わないのに、なぜ、そんなに激しく駆け引きをするの？」

と聞いたら、

「おれは、あいつが好きだから、彼の損を少なくしてやりたいのさ」

と、平然と答えたという。

ユダヤ人にとって、長年培った商売の極秘ともいうべき駆け引きのやり方を知ることは、ビジネスだけでなく日常生活上でも大いに役に立っている。しかも彼らに感心させられるのは、駆け引きをすることになんら罪悪感もなく、自信を持って行っていることだ。それどころか、積極的に駆け引きをしなければビジネスはおろか、世を渡っていけないとでも考えているようである。

買値を明かさない

ユダヤ人は、根っから駆け引きが好きである。ビジネス取引をして感じるのは、特に値段の値引きについて、私たちから見ると異常とも思えるほどにこだわることだ。もちろん、値引きの額が多ければ多いほど、自分の利益がそれだけ増えることがある。

売買取引で、最も肝心なのは価格交渉であり、厄介な問題だけに、最後に残される。当然のことながら、買い手はなるべく安く買おうとする一方で、売り手は極力高く売ろうとする。それを巡って虚々実々の攻防戦、すなわち駆け引きが展開される。

彼らは、もし値段で譲歩がなければ、これに付随した条件で代償を得るように駆け引きをする。駆け引きをしなければ、それがビジネス取引でない、あたかも当然であるかのように固く信じており、それほどこれを重視し深刻に考えるのだ。

さらにユダヤ人は、自分の希望する買値を初めから明かすことは決してしない。といって、かけ離れた安値を言い出すことも少ない。相手の売り気を失わせない、手の届くような値段を提示する。もし相手が値段を下げてくると、それに合わせて徐々に引き上げていく。そこで妥協点を見つけるのだが、相手を説得するために、人知を尽くした様々なテクニックを弄する。

例えば、ユダヤ人がバイヤーだとしよう。私の経験から、彼らが商品を買い付ける際、10人のうち9人までが、次のような具体的なステップを踏んで、駆け引きをする。

初めは、商品の規格や等級、それに納期など無難な事項を確かめ、外堀を埋めた後で、おもむろに数量を切り出す。実際に買う数量よりも、多目《おおめ》に言うのが常だ。それはアメリカでは、

「1ダースなら安くなる（Cheaper by the dozen.）」

というビジネス慣用句があるように、買い付け量が大きくなると値引きが当然受けられるとみなしているからだ。売り手の立場から見れば、量が多ければ、生産した製品や在庫を減らすことになるので、多少の利益を犠牲にしてでも、量でカバーできるから値引きに応じることが多い。だが、その初めに提示された量で買ってくれるかと思いきや、まんまと相手の術中にはまることになる。

というのは、商談の最終段階で一転して買い付け量を大幅に減らし、さらに当初の割引価格を頑として要求するからである。つまり、初めに大きな数量で相手を釣っておいて、初めの価格で大幅値引きをさせる。これは、彼らの駆け引きの常套手段として、よく使われる手口なのである

しかもユダヤ人は、自分の希望値が得られるまでしつこく粘り、その間の駆け引きを当然のように堂々と行う。我々から見れば、この図々しいとも言える態度に、彼らの金儲けに対する猛烈な執念がうかがえるのではないだろうか。

大げさに言う

ところで、駆け引きでは筋の通った話し方をするのが本筋だが、大言壮語やホラ吹きがまかり通っている。ホラは一種の嘘ともいえる行為だが、交渉の場では、特に販売上の常套手段として、大目に見られている。

その最たるものは、セールスマンの売り込み口上ではないだろうか。これは相手の関心を呼んで、商談を有利に展開させる方便である。特にアメリカ人は、ユダヤ人も含めて、他国民に比べて物事を大げさに言う気質と性癖がある。

かつて筆者のところへ売り込みに来たアメリカのビジネスマンが、自社製品を売り込む熱心さのあまり、ついつい話が大きくなって、

「うちの製品は引っ張りだこで、作っても、作っても、すぐさばけます」

と切り出した。だが、当時、業界の評判では、相場が低迷し始めたため、彼が売り込む製品の在庫が急増しているとのことだった。

セールスマンはこのように大風呂敷を広げる習性があり、事実と違うと分かっていても、ビジネスマンなら、これを正面切って非難することはしないだろう。嘘や誇張は、程度が

悪質な詐欺や欺瞞でなければ、交渉につきものだとみなされる。ただ、相手が本当のことを言っているかどうかを見分けるには、鵜呑みせずに、その発言に疑問を抱くことである。

やりもしないで、あきらめるな

ユダヤ人は、交渉、中でも駆け引きをすることを忌避せずに、積極的にすることが世渡りの最良策だと固く信じている。それを当然のように考えて駆使する。この点が、私たちと大きく違うのではないかと思う。

これは、私たちに次のことを教えてくれる。すなわち、交渉をしなければならない局面に直面して、たとえ、どんなに困難な事態であっても、逃げたり避けたりしてはいけないことだ。結果を恐れずに、まず相手と面と向かって正々堂々と交渉を行い、ありったけの知恵を絞って最良の解決策を見出すことなのだ。

わが国のビジネスマンの間で、「だめもと」という言葉がよく使われるが、ユダヤ人の考え方を的確に表現していると思う。この語は、「だめで、もともと」の略で、「たとえ結果がだめでも、ともかくやって見ろ」、つまり「やりもしないで、あきらめるな」を意味している。

ユダヤ人は、そのような前向きの果敢な姿勢こそが、物事を、交渉を通じて解決する上で重要だと考える。誰かがしてくれるだろうとか、じっとさえしていれば何とかなる、という消極的な態度を好まない。なぜなら、自分自身の努力と実行によってのみ、事態が必ず切り抜けられると、固く信じているからである。

討論会に参加せよ

私は、日本人が話し上手になり、論理的思考を磨くために、英米の小学校で行われているように、日本の小学校でも、「スピーチ」を正式科目に採用し、「話し方」や「ディスカッション」を科目として教えてはどうかと思う。

さらにわが国では、お互いに議論し合うグループや団体が多くできている。かつて私は、東京のビジネス・センターの異業種間で作られている集まりに、スピーカーとして招待されたことがあった。そこでは、定期的に講師を招いて様々な話題を提供している。驚いたのは、終業後といえども参加者の多いことであり、講演会後に行われたディスカッションでは、男女問わずに、議論が極めて活発に行われたことだ。

また、企業の中堅者や管理者の再教育を対象とした団体ができている。私が知っている中小企業関連の団体には、約1万企業が加入しており、全国各地で、同じ地区の異業種メンバーを10人単位に分けた上で、テーマを決めて、毎月定期的に熱心に論議し合っている。このようなグループに積極的に参加して、自分の話し方や論理を磨くのは良策だと思う。

英米ではディスカッションを一歩進めて、中学校や大学でディベートという改まった形式で、盛んに行われることも見逃せない。ここでは、賛成と反対の2つのグループに分かれて、相手の論点を検証して議論し合う。その場では、内容を判定する1人あるいは複数の審判員からのコメントや反応を通じて、論議を展開する形式になっている。その目的は、単にやり合うのではなく、発言者（ディベーター）が、自分の考えを主張することによって自分の所見を明確にすることだ。このようなディベートに参加する発言者は、話術が上達できるばかりか、論旨を筋道立てて相手を説得しなければならないので、勢い論理的な思考が磨かれる。

一方でディスカッションは、アメリカの放送番組を観ても、ある問題が起こると、見解が対立する2人の論客を立てて、丁々発止と議論を戦わすことだ。例えば、パレスチナ自治区ガザの戦闘で一般市民を殺害したのは、イスラエルが悪いのか、それとも学校やモスクに武器や弾薬を隠匿したハマスが非難さるべきなのかを激しく議論させる。その模様は、日本のテレビでは見られないほど激しい。わが国では、討論と銘打ったテレビ番組を観ても、相手の矛盾を突いてお互いに議論や正論を叩き合うのではなく、穏やかな座談会形式になっている場合が少なくない。

ディベートとディスカッションとは、一つの話題について意見を出し合うことでは、変わりはない。ただ、ディベートは、「AかBか?」や「正しいか間違いか?」、あるいは「良いか悪いか?」のように、他の代替案はなく、二者択一のテーマになる。

片やディスカッションは、テーマを中心に議論を交わし合うことによって多くの選択肢が生まれるので、批判力や創造力の育成という観点から、ディベートよりも有益だと思う。いずれにしろ、自分の主張を貫きながら、相手の意見に配慮する。つまり、聞き手の立場を立てつつ、積極的に自己表現を行うことが重要である。

このように議論好きになることは、自分の論理的思考が磨けるだけでなく、話術も巧みになる一石二鳥の効果がある。それによって、ビジネスや日常生活に欠かせない交渉力を秀でさせ、処世術に長けることになり、その結果、人間関係が円滑になって、より充実した人生を送れるのである。

第3章◉はっきり断らない

「ノー」を言わぬ

欧米人が日本人と付き合って悩まされるのは、日本人が物事をはっきりと言わないことだ。中でも、日本人は断ったり、否定するのを避けたがる傾向にある。そのような態度で、果たしてコミュニケーションがうまく取れるのか、彼らは不思議がるのだ。

国際人としての、コミュニケーション能力を考える上で、最も基本的な事柄は、「イエス」と「ノー」を明確に使い分けることだと思う。にもかかわらず、なぜ日本人は「イエス」と言えても、「ノー」とはっきり言わないのだろうか。

私たちは、直接的な否定表現は相手に良い印象を与えないと考えて、角《かど》を立てずに遠回しの表現を好む。都合の悪いことがあると、はっきり断らずに「臭いものには蓋」で後回しにする癖があり、いずれも日本人の国民性をよく表している。

ところが、「イエス」と「ノー」は、外国人とのコミュニケーション上、重要な基本用語でありながら、日本人が最も間違いやすい言葉ときている。

たかが「イエス」と「ノー」の問題だと軽視してはならない。その誤用によって、自分の運命を左右するほど、決定的な結果に終わることがあるからだ。

その例として、日本女子プロゴルファーのエース、有村智恵が２０１０年の全米女子オープン戦で、「ノー」と言うべきところを、「イエス」と答えて、危うく「棄権」にされることがあった。ゴルフ大会運営の係員から「試合をキャンセルするのか」と問われたのに対し、出場する意向だったにもかかわらず、「ノー」と言うべきところを、うっかり「イエス」と答えてしまったのだ。後で気づいて、慌ててすぐ訂正し、難を逃れたものの、彼女は「もっと英語ができれば、もっといいゴルフができる」と反省しきりだった。

今一つ、日本人が「ノー」と言わない実例がある。自衛隊がアメリカ海兵隊と共同訓練をした際、自衛隊員が、記者から重要なコミュニケーション手段である英語について、どうしているかを聞かれた。「英語では会話ができない」と答えたので、どうするのかと聞かれて、「単語と身振りでしている」と言う。

その代表的単語として、隊員が挙げたのが「OK, good, delicious（おいしい）」の３つである。だが惜しまれるのは、その中に〝No〟がなかったことであり、この重要な一言を、彼らの基本用語の一つとして加えるべきだった。

これがビジネスとなると、金銭問題が絡むだけにより深刻だ。これを示す筆者が経験した実話がある。ニューヨーク赴任早々の、ある商社駐在員は、非常に真面目で勤勉だ。何時もニコニコ顔で善良な性格だが、アメリカ人顧客相手に商談を進める際に、とても飲めない条件でありながら、はっきりと「ノー」と言わないのだ。同僚から『ノー』と断っても、先方の気分を害することはないよ」と忠告されても、彼の性癖はなかなか抜け切れなかった。そこで大事件が起きたのである。

大手取引先が、彼から商品を購入した。価格、数量、納期のいずれも、取引先の希望通りの条件だったので、とんとん拍子に大型契約が成立した。ところが、後になってバイヤーから、その購入商品規格の一部に対する変更の要求があった。後から分かったことだが、この連絡を受けた日本の本社は、生産上の都合で変更に応じられないと断っていた。だが、その知らせを受けた駐在員は、バイヤーの機嫌を損ねると思い、これをバイヤーに伝えなかった。

取引先は、全て要求通りの商品が手当てできたと思い込んでいる。いよいよ納期が迫ってきたが、いくら催促しても彼から船積みの案内が一向にこない。業《ごう》を煮やしたバイヤーは、やむなく日本の本社に直接照会したところ、驚いたことにその商品は用意していないとのことだった。

困ったことに、その間にこの商品の相場は暴騰して、他社から手当てするとなると、莫大な損失を被らなければならない。バイヤーは契約価格と相場の値差に当たる数十万ドルをクレームしたが、日本側が応じないので訴訟に持ち込んだ。結局、日本商社は折れて和解し、多額の弁償金を払わされる羽目となった。当然のことながら、問題の駐在員は帰国を命ぜられ、営業と関係のない部署に追いやられた。

このように「イエス」と「ノー」は、外国人とコミュニケートする上で、最も基本的で重要な言葉なのである。だが、「私は間違わない」と言う人がいると思う。しかし彼らに対して、アメリカ人がよく使う反対疑問形で聞くと、十中八九まで間違えるといってもいい。その具体例を挙げよう。

〝Do you want it?〟（欲しいの？）

とアメリカ人に聞かれて、欲しくない場合、〝No.〟と答えられても、

〝Don't you want it?〟（欲しくないの？）

と聞かれると、〝Don't〟の否定形につられて、日本人は、欲しくなくても、〝Yes.〟と答えることが多い。もちろんこの場合も、〝No.〟と言うべきなのだ。〝Yes, I can't.〟は英語として文法的に間違いであり、成り立たない。

その誤解を避ける方法として、単に「イエス」とか「ノー」と答えずに、フルセンテンスで、〝Yes, I want.〟あるいは〝No, I can't.〟と答える癖をつけたらいいと思う。例えば、〝Yes, I can't.〟と言えば、文法的に間違いなので、相手から聞き直されるに違いない。

〝Yes〟の後には、必ず肯定形が付く好例は、オバマ大統領が２００８年、初めて当選した

ときに打ち出した有名なキャッチ・フレーズ、〝Yes, we can.〟である。

これを示す例が、他にもある。２０１３年、アメリカの裁判で元警官が妻を殺害して有罪と認められ、懲役38年の実刑を受けたことがあった。その判決文を裁判官が読み終ると、被告人は、

〝I didn't kill her!（俺は彼女を殺していないよ！）〟

と大声を上げて異議を唱えたところ、傍聴席から、

〝Yes, you did!（殺したとも！）〟

と叫んだ人がいて、即刻退席を命ぜられたことがあった。これは被告の発言を否定しても、

〝No, you did!〟

と言わず、〝Yes〟の後に、必ず肯定文が続く例なのである。

日本人が「ノー」と言わない理由として、ある社会学者は、むき出しの否定的表現を避けるのは、それがグループの秩序や調和を妨げる恐れがあることを挙げている。また日本の言語学者によれば、日本語の「イイエ」は「あなたの考えは間違っています」との表明だから、「ノー」と言うのを避けて、相手に不快な気持ちを抱かせまいとして、「イエス」と言うのは、優しい配慮の表れだという。

日本商社マンの中には、欧米人相手にいきなり「ノー」と言うと角が立つので、「〃Yes, but...（はい、でも……）〃」と、婉曲的に断ることを勧める人がいるが、これは姑息な方法だと思う。というのは、欧米人は「ノー」と言われることに慣れているので、「ノー」と言われても、日本人が考えるほど抵抗を感じないからである。むしろ、後顧の憂いを避けるためにも、断るときは、明確に「ノー」と口にすべきなのだ。

日本人の断り方

アメリカ・ビジネスマンの中には、日本人が、なかなか「ノー」と言わない独特の癖をよく知っている人がいる。その1人が、自分のこれまでの経験から、日本人が断ったと判断する一般的な常套句は、〃Very difficult.（それは難しいね）〃だと言う。

日本人同士なら「そいつは難しいね」と言われたら、大方の人は「断られた」と直ちに判断するに違いない。だが、その婉曲的な表現を知らない彼は、初めのうちは、この表現を額面通りに受け取って、「どうやら難しいが、まだ一縷《いちる》の望みがある」と考えていたようだ。しかし何時まで経っても返答がないので、間もなく、これが断るときの常套句であることに気づいたのだ。

別のアメリカ人によれば、日本人が断るときの、もう一つの決まり文句は、〝I will consider.〟だとする。

これは「考えておきましょう」の直訳だが、先の〝Very difficult.〟よりも、英語ではより重みのあるニュアンスだ。というのは、〝think（考える）〟よりも、〝consider〟は「考慮する」や「熟慮する」という、より真剣な意味合いを含んでいるからである。

つまり、〝I will consider.〟と言われると、アメリカ人は、相手の日本人によって真剣に検討されるものだと考え、近く何らかの真面目な回答が返ってくるものと期待している。ところが、回答がないのが普通であり、やがて日本人特有の婉曲的な断り方であることに気づく。

従って、〝I will consider.〟の表現は、誤解を招きやすいので避けるべきであり、無難な言い方は、〝Let me think about it.（考えさせてほしい）〟だ。これなら、相手に大きな期待を持たせないから、誤解が避けられる。

さらに、日本語を習う外国人が戸惑うのは、日本語独特の曖昧表現である。その好例は「結構です」だ。「結構です」と言われると、「イエス」なのか「ノー」なのか、さっぱり分からない。例えば、「コーヒーはいかがですか？」と聞いて、「結構です」と答えられると、「要るのか」、それとも「要らないのか」が、はっきりしないのでまごつく。

そもそも「結構」は、「結構なドレスですね」と使われるように、「優れていて、欠陥がない」や「それでいい、満足だ」と、賞賛や賛美の言葉であり、否定の意味はない。それが、「……しなくても結構です」の「ノー」の打消しの部分が省略されて、遠慮する際の遠回しの断り方にも使われ出したといわれる。「結構」を否定する意味で使う場合は、否定することを相手に明確に伝えるため、言葉の頭に「もう」とか「いいえ」を付け足せばいいようだ。

ところが最近では、「結構です」の代わりに、「大丈夫です」が多用されている。例えば、レストランで「レシートは大丈夫ですか？（必要じゃないですか？）」と聞かれて、答えが「大丈夫です」だと、「要るのか、要らないのか」、判然としない。私たちでも、戸惑う言い回しだから、ましてや外国人が、最も困惑する日本語の一つとするのも納得できる。

また日本で、否定の常用語としてよく使われるのは、「善処します」である。これも物事を引き延ばして、「やらない」や「ノー」の遠回しの言い方なのだ。ここで思い起こすのは、１９７０年代初頭に、アメリカが沖縄返還の代償として、急増していた日本繊維輸出の規制を求めてきたときのことだ。その際、当時の佐藤栄作首相は「善処します」と言って、問題を引き延ばして、暗に断る意向だった。この語は曖昧な表現であり、日本人なら、表向きは「うまく片を付ける」の意味に取るものの、実際は何ら手を打たない無難な断り方だと解するだろう。

ところが、この「善処します」を、日本側の通訳が「I do my best.」と訳したものだから、アメリカ側は、これを文字通りに受け取って「全力を尽くす」と理解したのだ。しかし、いつまで待っても日本側がアクションを起こさないので、アメリカ側が痺《しび》れを切らして激しく抗議した結果、佐藤首相は謝罪し、対米繊維輸出規制に応じざるを得なくなったのである。

さらに日本の政治家や官僚は、「前向きに検討します」とよく口にする。その言葉は、意欲に溢れているように思えるが、実際は「多分無理でしょう」を意味している。これも引き延ばして断る決まり文句なのである。

また日本では、「可及的速やかに」という言葉も役人はよく使う。例えば、「可及的速やかに対応を協議し，適切に対処して参りたい」のように言う。表向きは「できるだけ早く」だが、大抵は「すぐにはできません」を意味し、この表現も、引き延ばして断っている語なのだ。

この言葉は、英語では〝as soon as possible (ASAP とも略)〟として、引き延ばしの表現として使われる。例えば、

〝I will answer as soon as possible.（可能な限り早く、お答えします）〟

と言えば、日本語と同様に、英語でも曖昧な表現であり、「今日か明日か、あるいは来週か、場合によっては、何時までも返事しない」という意味合いに取られている。このように、相手に期待を持たせない言い回しなので、アメリカ人相手に、婉曲的に断る言葉として、利用してもいいと思う。

「イエス」には重みがある

特筆すべきは、「イエス」という語は、非常に重要な意味合いを持っていることだ。「男子の一言《いちげん》、金鉄《きんてつ》の如し」というように、男がいったん承諾したことは固く守り、破ってはならない。

中でもビジネスマンにとって、周りから信用されることは不可欠である。なぜなら、一度信用できないとの評判が立つと、誰もが取引相手にしなくなり、継続が不可欠なビジネスにとって致命傷となるからだ。もちろん、これは男性だけでなく女性にも当てはまる。

従って、一度「イエス」と言ったなら言質を与えたことになり、取り消すことはできないと考えるべきなのだ。それに対して、「ノー」と言った場合は、後から「イエス」と、言い直せる利点がある。

アメリカの一流企業に、「まずノーと言え」を社是にさえしたところがある。それはユダヤ系投資銀行のクーン・ローブ社（後にリーマン・ブラザーズに発展的解消）の創設者、ソロモン・ローブが唱えた言葉である。社是にした理由は、彼がニューヨークに店開きをした際、取引先の銀行頭取から「あなたの会社は必ず成功しますよ。ノーの使い方を知っていますから」と褒められたのが、きっかけだという。

また有名なのは、アメリカの著名な投資家ウォーレン・バフェットは、「単に成功した人と非常な成功を収めた人の違いは、非常な成功を収めた人は、何事にも、ほとんど『ノー』と言う」と述べて、「ノー」の重要性を端的に教えている。

このことから、あるアメリカの識者は、「ノーはネゴシエーションの始まりだ」と主張しているのは、言い得て妙である。なぜなら、いったん「イエス」と言えば取り消せないのに対し、「ノー」と言っても取り消して「イエス」と言えるので、交渉する余地がまだ大きく残されているからだ。

日本人は、「ノー」と言えば相手の機嫌を損じたり非礼に当たると思ってか、外国人相手に正面切ってなかなか「ノー」と言わない。「ノー」と言うには、よほどの勇気が要るものの、欧米人に向かって思い切って「ノー」と言っても、意外に相手が素直に受け入れてくれることに気づくに違いない。というのも、彼らの日常生活の中で、「イエス」と

「ノー」が、普段から明確に区別されて使い慣れているからだ。日本人に見られるような、断られたときの違和感や抵抗感がない。

もちろん、「ノー」と断るときは、相手の気持ちを一切無視してただ「ノー」とさえ言えばよいというものではない。あるアメリカ人の識者は、「『ノー』を丁寧に、また気持ちよく言えるようになれば、その人にとって結局はプラスになる」と忠告する。だが、『ノー』は即刻に、しかも明確に言うべきだ」とも付け足している。

その場で、はっきりと「ノー」と言えば、決断に迷うストレスから解放される上に、すぐに断らなかったために後になって後悔することがなくなる利点もある。できないときは、きっぱりと「I can't.(できない)」と断れば、心残りがなくなると同時に期待を持たせずに相手をあきらめさせられる。相手の抵抗感を和らげるために、「今はできません」と言う前に「I am sorry.(すみませんが)」の語を足すのも一策だと思う。

決断がつかないときに、〝Yes and no.〟(イエス・アンド・ノー)と、曖昧に答えることもできる。これは利害半ばする提案などに答えたり、返答に窮するときに、「何とも言えない」とか「さあ、どうかな」を意味する。

引き伸ばしは「ノー」

物事を引き延ばすのは、否定をする際の最も決定的な方法であるという。これを唱えたのが、「パーキンソンの法則」で有名なイギリスの歴史家、シリル・ノースコート・パーキンソンである。

彼は、「引き伸ばしは、『ノー』と否定する言葉の中で最もタチの悪い『ノー』である」としながらも、逆の立場で、「物事を引き伸ばすことが、『ノー』と言わずに『ノー』と言う最良の方法である」とも断じている。

その最たる例は、日本と中国における、東シナ海のガス田共同開発についての交渉ではないだろうか。すでに2008年に、共同開発の合意を見たにもかかわらず、中国側の、より慎重な検討を要するとの理由によって、具体的な条約交渉は何ら行われなかった。これは明らかに引き延ばしの方策、つまり、交渉を遠回しに断っているのである。

ところで、中国がやっと重い腰を上げたのは、2010年5月、温家宝首相が来日した際、交渉の具体化を約したからだった。それを機に中国側が、ようやく重い腰を上げて交渉の場に臨み、両国は早期妥結を目指すことで一致したものの、合意には至らなかった。

その後、同年9月に起きた尖閣《せんかく》諸島にある魚釣島（中国名・釣魚島）における漁船衝突事件にかこつけて、中国側は共同開発とは直接関係がないにもかかわらず、条約締結交渉を一方的に延期したのだ。これも露骨な引き延ばし策の一環だといえよう。

後に交渉は再開され、紆余曲折を経ながら何回となく交渉が続けられているものの、その間に中国は天然ガスを一方的に採取して利益を上げ既成事実を作り上げた。この引き延ばし方は、パーキンソン氏が言う「決定的な否定」の実例なのである。

「イエス」の他の言い方

アメリカの話し言葉として、〝Yes〟を、他に〝yah（ヤー）〟、〝yea（ヤー）〟、〝yep（イェップ）〟などと言う。〝No〟は、〝uh-uh（ウッ・ウッ）〟、〝nah（ナー）〟、〝nay（ネイ）〟や〝nope（ノウプ）〟などをよく口にする。

強い否定は〝never（ネバー）「決して（絶対）ない」〟である。〝Never mind!（ネバー・マインド）〟は「心配するな！」となる。〝never〟を使った有名な警句は、〝Never say never.〟だ。直訳は「決して『ダメだ』と言うな」だが、「何事が起こるか分らない」、つまり「何事も不可能でない」を意味する。イギリス19世紀の著名な小説家、チャールズ・

ディケンズが初めて記した言葉だとされている。人生訓として覚えてほしい金言である。

なお、〝never〟の語で強く印象に残るのは、アメリカの著名な陸上競技選手、カール・ルイスが、2013年3月、東日本大震災の被災地、宮城県石巻市を訪問したときのことだ。彼はオリンピック大会において、短距離と走幅跳で10個のメダル（うち金が9個）を獲得したほどの名選手である。

岩手、宮城、福島の中高生約70人相手に、短距離走などの基本を直接指導した。その際、石巻市門脇地区で献花をした後、参加者に贈った言葉が、〝Never give up.〟「あきらめるな」である。大きな被害を受けた彼らに、「逆境にめげずに、強い精神力で初志を貫徹せよ」と励ましの言葉を贈ったのだ。

この他、承諾や合意の言い方として、一般的なのは「OK」がある。〝Okay〟と綴り、〝A-OK〟とも言う。これはアメリカで発祥した言葉だが、今や世界的に通用されるまで、広く普及している。「OK」は、アメリカ英語として、世界言語に最も貢献した言葉だとされている。保守的で、伝来の英語しか使わないことで有名なイギリスの上流階級は、アメリカ英語を下品な言葉として見下げている中で、この「OK」だけが唯一の例外として使われているほど一般的になっている。

この語源については、諸説紛々である。有力なのは北米の先住民、チョクトー族の言語だとする説だ。これ以外に、西アフリカからの奴隷がもたらしたとか、ボストンで始まった略語の流行から、などの説がある。

これ以外によく使われるのは、〝ロジャー（roger）〟と〝10－４（テン・フォア）〟だ。〝ロジャー（roger）〟は、「了解」や「ＯＫ」を意味する。第二次世界大戦中に、軍隊や航空関係者が、曖昧性を排除するために、音標文字《おんぴょうもじ》、すなわち無線用アルファベットを使用した中の〝R〟を、〝Roger〟と呼んだことから、戦後一般化した。無線用アルファベットとは、ＡをAble、ＢをBaker、ＣをCharlieとする、アルファベット独特の呼び方である。

〝10－４（テン・フォア）〟は、１９２０年頃、アメリカ警察の通信コードに由来し、後に市民ラジオ（通称、CB）の使用者に広く採用された。これも「了解」や「ＯＫ」を意味する。映画などで、よく見られる応答の例は、

〝Do you copy?（了解しましたか？）〟

との確認に対し、

〝Ten-four.（了解）〟

と答えている。

承諾を示すジェスチャーは、親指と人差し指で円（◯）を作る仕草だ。わが国では「お

金」を指し、フランスでは「ゼロ」だが、国によっては卑猥な意味に取られるので注意すべきだ。例えばブラジルでは「肛門」を、トルコでは「同性愛」を意味するので、現地でこの仕草は厳に避けなければならない。

この「ＯＫ」の仕草とともに、一般的なのは、親指を立てる〝thumbs up（サムズ・アップ）〟で、「同意」や「満足」を示す。この起源は、一説によると古代ローマの闘技士が負けた場合、観客は敗者の死を見逃すことを示すために使われたのが始まりだとされ、欧米で広く通用する。ただし、このジェスチャーは、中近東では卑猥な意味に取られている。逆に親指を下げると、「不同意」や「不賛成」を示す〝thumbs down（サムズ・ダウン）〟となる。

なお、ＳＮＳのFacebookでは絵文字として、親指を立てる「いいね！（Like）」とボタンを押すのが有名である。Facebookは、一般から、〝Like〟に対する〝Dislike（いやだ！）〟のボタンを作れとの要望があったが、〝Like〟のように簡単でなく、より強力な感情表現になるとの理由から、作成を見送っている。

二者択一に使う

アメリカのビジネスマンは、「イエスかノーか」と二者択一を迫るときに、〝Put up or shut up.(プッタップ・オア・シャタップ)〟という表現をよく使う。原意は、「現金を前に積め、さもなければ黙れ」である。いくら大言壮語しても、実際に現金で支払う能力がなければ、それは空虚にしか聞こえないことを意味する。

それが「現金」でなくても、「つべこべ言わずに、具体的な条件をまず提示しろ」の意になって広く使われている。現実的で打算的なアメリカ・ビジネスマンの気性をよく表す言葉である。

この諺の語源は、ギャンブル用語に由来するという。カード・ゲームのポーカーで、新しい札が配られる前に、賭け金を出すことになっている。その際、配り手（ディーラー）が参加者（プレイヤー）に、〝Put up or shut up.「賭け金を置け、さもなければゲームから降りろ（フォールドしろ)」〟と叫ぶところから来ている。

なおイギリスでは、〝Put up or shut up.〟が、企業の乗っ取りや買収の際の公式取引条件にさえなっている。買い手が企業を買収するときに、ファーム・ビッド（確定申込み）

を出さずにいると、買収される側の企業は、「Put up or shut up.（具体的な金額を示さないなら引き下がれ）」の条件を提示できる。これは、被買収企業を何時までも不安定な立場に置かせないためにできた条件であり、その期間は6か月と定められている。

ビジネス界で、二者択一を迫る別の表現として、今一つよく使われるのは、〝Take it or leave it.〟である。申し出に対して、受けるか否かだけの明確な答えを求めて、それ以外の交渉は一切受け付けないことを意味する。

その例として、2018年2月初め、アメリカの半導体製品の製造販売大手ブロードコム社が、移動体通信設計開発を行う大手のクアルコム社を買収したときのことだ。当初、1300億ドル（約14兆3000億円）の買収額を提示したものの、クアルコム社がアクセプトしなかったので、これを破格の1460億ドル（約16兆円）に引き上げた。その際、提示した付随条件が、この〝Take it or leave it.〟である。この取引が実現すれば、IT史上、最大の巨額買収となるはずだったが、結局、クアルコム社は、提示条件が企業価値を大きく下回ると結論付けて買収案を拒否した。

第4章◉英語が下手でもカタカナ英語

アメリカ人学者がまごつく和製英語

私の友人に、アメリカの一流大学で日本史を教えている教授がいる。彼は仕事柄、平仮名や片仮名は言うに及ばず、漢字も読めるほど堪能である。教授に、日本語で最も難しいのは何かと聞いたところ、敬語や謙譲語かと思ったら、驚いたのはそうではなく、カタカナ英語、中でも、それが短縮された4字語だと言う。

例えば、「リストラ」や「マスコミ」は、まだしも分かるものの、「パンスト」や「エンスト」、「ゼネスト」、それに「インフラ」、「マンネリ」、「グラドル」などに至っては、説明されるまでは意味がさっぱり理解できないそうだ。

それに「セクハラ」や「パワハラ」、「スマホ」などの英語の短縮語だけでなく、日本語を取り入れた「イケメン」や「イクメン」などになると、なおさら戸惑うと話す。

彼が指摘するように、日本人でも理解に苦しむカタカナ新語が次々とできている。「アラフォー」の語一つだけ取り上げても、これは40歳前後（35〜44歳）の女性を指す「アラウンド・フォーティー（around 40）」の略だが、アラサー（アラウンド・サーティー、around 30）の語が派生している。

その後、さらに「アラフォー」から、「アラフィフ」(50歳前後)が派出し、最近に至っては、80歳を意味する「傘寿《さんじゅ》」をもじって、「アラ傘《さん》」の語さえできている。「アラ傘」は80歳を過ぎてなお矍鑠《かくしゃく》として活躍するシニアを指すのだ。

また、「スマホ」に対して「携帯電話」を「ガラケー」や、カーリング競技で既婚の女性スキップ(司令塔)を「カーママ」などと呼んだり、男性の育児参加を妨げる行為を、パタニティー(父性)とハラスメントを略して、「パタハラ」と呼んでいる。なお、「ガラケー」は、外の世界と断絶された「ガラパゴス」と「ケータイ」との奇妙な組み合わせである。

新語の「パブコメ」が、新種のお米かと思ったら「パブリック・コメント」の略であり、「政令や省令を定める際に、一般に公表し、広く意見を募る」を意味する。このように、日本人ですら分からない新語が次から次へとできているのだ。

先の「ガラケー」や「アベノミクス」、それに倹約する妻を「ツマノミクス」のように外来語と日本語を組み合わせた新語の他に、「リケジョ(理系女子)」や「トリセツ(取扱い説明書)」のように、日本人でも外来語と間違えるほどの、日本語だけでできた言葉もあるので、外国人がまごつくのは無理もないのである。

氾濫するカタカナ英語

日本では、一般的に英語でうまく疎通できないにもかかわらず、やたらと目立つのは、カタカナ英語である。中でも、それを使う典型は、ファッション業界ではないかと思う。

あるスタイリストは文中で、

「コットンのタンクトップに重ねるのは、レザーのライダースジャケット。フロントをしっかり閉めて風をシャットダウンした後、ダウンベストをトッピング」

と記し、

「レーシーなブラウスでも、テーラードジャケットとローファーを合わせて、マニッシュに仕上げればいい」

続けて、

「長め丈のスカートもワイドパンツも、下半身にボリュームが出るので、トップスはコンパクトにまとめてください」

などと、うんざりするほどカタカナ英語を並び立てている。

また、話している内容に重みをつけたり利口ぶるために、カタカナ英語をわざわざ使うことがある。しかも、それが正しければいいのだが、誤用されているのだ。

筆者が実際に経験して驚いたのは、ある一流企業の重役が、会議の席上で「この問題は、根本的に問題が多い」と、日本語で言いさえすればいいのに、

「この問題は、フンダメンタリスティックにコンフリクションがあります」

と述べたのだ。

もっともらしく聞こえる「フンダメンタリスティック」は英語になく、正しくは、「ファンダメンタル（fundamental、根本的）」であり、「コンフリクション」も「コンフリクト（conflict、矛盾）」の間違いなのである。

カタカナ英語をやたらと使う例で笑ったのは、あるサラリーマンが割安のレストランで食事を取っているときに、その感想を聞かれて、「味がいい割に安い」を「コスト・パフォーマンスがいいから」と答えたことだ。どうやら、彼の会社で、上司から普段、盛んに「コスト・パフォーマンスは？」と聞かされていたようだ。

小池百合子都知事は、カタカナ英語を使うことで名高い。しかも、その言葉は難解であり、一般人には分かり難いものが多いにもかかわらず口にする。彼女が使った語句のいくつかを列記すると、一つ目に、「ワイズスペンディング」。これは「税金の有効活用」、つまり、財政支出を行う際は、「利益や利便性を生み出す事業分野に対して、有効的に行う」

という意味で用いている。

二つ目の「パラダイムシフト」は、「発想の転換」や「固定概念を捨てる」を意味する。もともとは、アメリカの哲学者トーマス・クーンが提唱した概念であり、ある時代や集団を支配する考え方が劇的に変化して、社会の規範や価値観が変わることだ。

三つ目に、「ダイバーシティ」は、「多様な人材を積極的に活用する」を意味する。

どれもが、説明されない限り学卒者でも分からない難解な言葉だが、彼女がこの種のカタカナ英語をことさら使うのは、話す内容の格調を高めるためだろうか。都民には、とても親しみがわかないカタカナ英語である。

これを皮肉った笑い話がある。高年の男が妻の実家で、小池知事のことを「どうもあの人苦手なんですよね。カタカナ語が多くて」と言ったら、姑に「大の男がカタカナも分からないの！」と言われたという。（朝日新聞2018年2月24日号より）

また、筆者が経験したのは、団体同士でテニスの試合をしたときのことだ。相手はインテリが集まる通産省（当時）である。こちらがセカンド・サーブを打とうとすると、相手選手が「チャンボ！」と叫ぶのだ。何の意味か分からなかったので、後で聞くと「チャンス・ボール」の略だという。つまり、自分たちに有利なカウントになったので、「チャンスだ！」とばかりに激励したのだ。カタカナ英語が、いろんな意味合いに、多用されている好例である。

カタカナ英語にすることで、いかにも並外れた理論や考えであるかのように装うこともある。野球で「ID野球」と称して、どんなにすごい理論かと思いきや、何のことはない「インポータント・データ（IMPORTANT DATA）」の略なのだ。この語は、監督がチームを作り上げていく場合や、選手がプレーするときに、経験や勘に頼ることなく、データを駆使して科学的に進めていく手段を意味する。野球にとってデータが不可欠であることは自明の理で、どこの球団でも採用しており、何ら大それたセオリーではないのだ。

カタカナ英語の乱用

愛称をつける場合、イメージアップを図るためにカタカナ英語にすることがよく見られる。それが、かえって一般から強い反発を受けるときがある。その好例は、東武鉄道が、埼玉県の大宮駅から船橋駅を結ぶ野田線を、2014年4月1日から、路線愛称名を「東武アーバンパークライン」に変えたことだ。これは「都市（アーバン）近郊を走り、沿線に公園〈パーク〉が数多くある路線（ライン）」だから名付けたという。

しかし、「アーバンパークライン」は、とにかく長過ぎて言いにくいので、利用客から大きな不評を買った。従来の名称「野田線」は簡明であり、それで十分なのだ。

また、カタカナのタイトルを付して、あたかも抜きん出た存在であるかのように見せかけることがある。その例は、カリスマ、セレブ、キャラクター、タレント、ヒロイン、アイドルなどである。私は、そのような肩書がついていると、惑わされずに疑い、それにふさわしい人物なのか、実態を吟味することにしている。

中でも、カリスマは、「カリスマ経営者」とか「カリスマ・バイヤー」などともてはやす。そもそもカリスマとは、「超人的で、超自然的な才能や能力を持った人」を指すのだが、彼らの中身を調べると、それだけの実力や素質を伴わない場合が多いのだ。カリスマとされた経営者の能力が、特定の分野や職業にしか通用しなかったり、バイヤーがいったん逆の売り手の立場に立つと、無能であることがある。

また、テレビ番組の外国での旅行案内人に、「ナビゲーター」や「グルメ・ハンター」などと、もっともらしい肩書を付けているが、その人物が別段いなくても、番組が結構楽しめるのだ。しかも、起用された人物が番組内容にそぐわないことが少なくない。例えば、「ナビゲーター」の女優は派手なドレスを着て見せびらかし、景色を紹介するどころか、あたかもファッション・ショーのようである。その点、NHK番組の「世界ふれあい街歩き」は秀逸である。案内人を一切立てずに、カメラの視線だけで、世界各地の路地をくまなく散策して紹介する。

あるいは野球番組で、「ドラマチック」とか「エクサイティング」と謳ったのがあるが、大概の場合、その名にそぐわない単調な試合が少なくない。先般、男子プロゴルフの土曜日のトーナメントを、「勝負のムービングサタデー」と銘打っていた。だが、「ムービング」を「感動させる」という意味に使ったのだろうが、その意味に取れる人は少ないのではないだろうか。これは「土曜日を移動させる」とも取れるからだ。

さらに、日本語本来の意味やインパクトを和らげるために、カタカナ英語にすり替えることもある。その好例は、「借金」を「ローン」にして本来の不快な意味合いを和らげたり、「従業員」を「スタッフ」にすることによってステータスを格上げする。

また、カタカナにすることで、その内容が、かえって曖昧になる言葉がある。その例は「プロデュース」だ。商品やショーを「プロデュースした」という表現を、新聞やテレビでよく見かける。プロデュースを手掛けるのは、多くの場合、アイドルやタレントなどの有名人である。

通常、映画やテレビ番組の「プロデューサー」といえば、作品制作や制作活動の資金調達から管理や人事に至るまで司り、制作全体を統括する職務を指す。アメリカのように、場合によっては、自ら所要資金を出資することすらある。

ところが、日本の場合はどうだろうか。アパレルの事例を見ると、多くの場合は、目玉にする有名人にはその商品知識はなく、デザインや仕立ては他人任せで、自分は最後のチェックをするだけだ。そこで、自分の名前を貸して「プロデュースした」と宣伝している。カタカナ言葉にすることによって、その商品に大きな価値があるかのように見せかけるのである。

ひどいのは、「イタリア風、天然素材」と謳った婦人服の広告があった。よく見ると商品の写真の下に、「Produce by Italy（イタリアでプロデュース）」と書いた下に、小さく「Made in PRC（CHINA）」と記してある。イタリア製、つまり、一貫してイタリアの素材を使って、同国で縫製されているのかと思ったら、中国で縫製されているのだ。素材の生地は、おそらくイタリア製だろうが、その明記すらない。それに企画やデザインもイタリアで実地に行われたのかは、「イタリア発」とあるだけで判然としない。「イタリア」と「プロデュース」の語を乱用した、まさに「羊頭《ようとう》を掲げて狗肉《くにく》を売る」策ともいえる広告である。

カタカナ英語の効用

日本語をカタカナ英語に置き換えることで、批判を和らげたり、かわすことができる。中国の故事に由来する「朝三暮四」という言葉がある。宋の狙公《そこう》（猿回し）が、飼っている猿にトチの実を与えるのに、朝に三つ、暮れに四つやると言うと、猿が少ないと怒ったため、朝に四つ、暮れに三つやると言い換えると、大変喜んだという。そのことから、目先の違いに気を取られて、実際は同じであることに気づかない、あるいは、うまい言葉や方法で人をだますことを意味する。

その典型例は、2014年2月末、安倍政権が「エネルギー基本計画」を策定する際、原発問題で、当初、「原発を基盤とする」とされる予定だった文言が、与党内の強い反対にあったため、これを「原発をベースロードにする」に変更した。

「ベースロード」とは聞き慣れない言葉だが、「一定期間に最低の発電をし続ける稼働状態」を意味する。「ベースロード」には、原発のほか石炭火力や水力、地熱も当てはまるので原発偏重の印象を薄めようとしたものだが、これは「基盤」と実質的に何ら変わらない婉曲的表現なのだ。そのように、日本語をカタカナ英語にすり替えるのは、よく使われる「朝三暮四」なのである。

職業のタイトルも、日本語で十分なのに、説明がないと分からないような肩書きを専門職に付けたがる。例えば、「ガーディナー」や「ナビゲーター」、「スポーツ・キャスター」、「マーチャンダイザー」、「コミュニケーター」などと付ける。

もっとひどいのは、「フェロー」、「アーキテクト」、「アナリスト」、「パブルシスト」、「インテグレーター」、「アカウント・エグゼクティブ」、「アーティスト・プロデューサー」などと、枚挙にいとまがない。

また「カラーコンシェルジュ」は、「服のコーディネーター」を意味し、それに「エスコートナース」は「国境を越えて患者を運ぶ看護師」だと説明を受けるまでは、どんな職業なのか分からない。キリスト教の伝道師かと見まがう「エバンジェリスト（最新技術を説明する役）」や「コミュニケーション・ストラテジスト（情報計画者）」に至っては、その役割の詳細が判然としない。保険会社に見られる例は、「プランナー」であり、それを細分化して「ライフ・プランナー」や「フィナンシャル・プランナー」にしている。

さらに組織を改変したり、増やす際によく見られるのは、やたらとその名称を変えて、カタカナにすることだ。例えば、「本部」を「カンパニー」にして、その下の「部」を「グループ」に改め、「課」を「チーム」や「ユニット」に変更する。

役職名もカタカナ化し、部長を一般的に「マネジャー」に変え、その上位を表す場合は、「シニア・マネジャー」や「ゼネラル・マネジャー」の名称を付ける。その下位を表すには、「アシスタント」や「サブ」などの名称を付け加えるのである。

これらは、肩書きの名称を変えてはいるものの、それ以前の仕事の内容と実質的に何ら変わっていないことが多い。組織変更をして、何か斬新な手を打っているかのような印象を与えるのが狙いなのだ。

乱発されるのは「ヴァイス・プレジデント」であり、本来は「副社長」の意味だが、部長や課長クラスの人にも付す。その目的は、権限がある高位のカタカナの肩書きを付けて、取引先の相手に、あたかも「大物」と取引しているかの印象を与えるためだ。笑い話ではなく、実際に平社員よりも副社長の数が多い会社があるという。これを、サラリーマン川柳が、「役職名　多すぎて　誰かしら」と巧みに皮肉っている。

女性の名前も、エメリー、マギー、モニカ、ローラ、シェリー、シルビアなどと、西欧風のものが実に多く見られる。名前の下に「子」や「代」が付く名が、今や珍しくなっている。

テレビや新聞で知識人が、カタカナ英語を使うことが増えている。「アイデンティティ（自己同一性）」や「サステナビリティー（持続可能性）」、「リトリート（後退）」などのように、高度な英語力なしには、とても理解できない単語が実に多く使われており、外来語としての範疇を超えて日本語化している。

スポーツ分野の専門用語に至っては、よく使われる言葉で難解なものが非常に多い。ゴルフでは、イーグルやアルバトロス（基準打数より3つ少ない）、ディボット（divot、芝生の断片）、アンジュレーション（undulation、原意は「うねり」だが、コース内の地面の起伏）、シャンク（クラブフェスの付け根に当てる）、プロネーション（手首を下げたり曲げたりする）などである。面白いのは「ダフる（クラブが手前の土に当たる）」で、〝duff（ダフ「ボール打ち損じる」）〟が、動詞化されている。

原語を、そのままカタカナに移し変えさえすれば、英語習得上とても便利なのだが、そうでない言葉がある。例えば、「ウイルス（virus）」は英語では「ヴァイルス」、「ワクチン（vaccine）」が「ヴァクシーン」、病気の「チフス（typhus）」は「タイフス」と発音する。

あるいは、「マネー（money）」は「マニー」、「アジア（Asia）」は「エイシア」、「オアシス（oasis）」は「オウエイシス」である。よく間違えるのは女性名の「Mary」であり、「メアリー」と一般に呼んでいるが、「メリー」が正しい。

このように発音が混乱しているカタカナ英語を、本来の発音通りにすれば、英語習得の際の大きな手助けになると思うが、それにはマスメディアやジャーナリズムの協力なくしては実現できない。

また同じ英語でありながら、カタカナの発音が違うのがある。「バレーボール(volleyball)」の「バレー(volley)」は、テニスで、ボールが地面につく前に打つ「ヴォレー(volley)」と意味は同一である。

また、「チンする」や「事故る」のように名詞に「する」や「る」を付けて動詞化することが、一般的になっているように、「パニクる」(慌てる)や「タクる」(タクシーを利用する)、「ディする」(けなす、「批判、侮辱する」などの意味を持つ「disrespect、ディスリスペクト」に由来)のように、外来語にもその傾向が表れている。さらに動詞化されるだけでなく、「アートっぽい」と形容詞化させるまでになっている。

なお、和語には「お車」や「お手紙」、「お箸」のように、接頭語の「お」が付いて、漢語の「機嫌」や「結婚」、「注意」には接頭語「ご」が付される。だが興味深いのは、「おズボン」や「おビール」などのわずかな例外を除いて、カタカナ英語には原則として「お」が付かないことだ。

長嶋茂雄元巨人監督は、カタカナ英語をやたらと使うことで有名である。監督時代に、英語が不自然に混じったり、ことさら英語にしなくてもいい部分までも英語にしてしまうので笑い話にさえなっており、「ミスター・イングリッシュ」の異名が付いたくらいである。

例えば、「ベースボールは、イングリッシュのスポーツ」や「ペナントの始まりがスタートした」、「失敗は成功のマザー」などと言っていた。また、寿司屋に行って「サバは、フィッシュ偏にブルーですよ」と鯖という漢字について話し、レストランで、鶏肉料理を頼んだ際に「アイム・チキン」と言ったという話などが残されている。なお、スラングで「チキン」とは、「臆病者」や「卑怯者」を意味する。

このような数々のユニークな言い回しをしながらも、それを意に介さない彼の天真爛漫な性格が人気を呼んで、みんなから親しまれている。

さらに厄介なのは、野球用語の「デッドボール」や「フォアボール」のように、本来とまったく違う意味に使われていることだ。「デッドボール」は、日本では「死球」と訳されているが、アメリカでは「試合停止球」を意味し、「死球」は「hit by pitch（HBPと略）」だ。「フォアボール（四球）」は英語になく、「base on balls」、あるいは「walk（ウオーク）」である。

第４の日本語はカタカナ英語

英語の基本がアルファベット、中国語は漢字、韓国がハングルを習うだけですむのに対して、日本語を習う上で厄介なのは、計３つの言葉を習得しなければならないことだ。まず表音文字の平仮名を習い、次に片仮名へと進み、最後の難関が表意文字の漢字である。これらを習得しなければ、日本語をマスターしたことにならない。

ところが、先のアメリカ人の日本史学者が経験したように、カタカナ英語は、日本語を理解する上で無視できない存在になっている。これまで多くの事例で示したように、平仮名、片仮名、漢字に次ぐ第４の日本語として、看過できない確固たる地位を確立している。事実、これを如実に示すのは、カタカナ英語をまとめたカタカナ英語辞典が、いくつか刊行されていることだ。しかも、その効用を認めて、「日本人は堂々と『カタカナ英語』を使いましょう！」と謳った本さえ出ている。

最近翻訳書の中で、漢字は数えるほど少なく、平仮名や片仮名ずくめのものが出版されているが、カタカナ英語の普及ぶりから見て、漢字を使わずにカタカナ英語だけで書かれた著作が近い将来、世に出てもおかしくないと思う。

このようにカタカナ英語が氾濫する背景には、日本語自体が、外来語を許容しやすい構造になっている。「スロット（slot）」という英語がある。原意は、自動販売機などの硬貨の「投入口」だが、「空いた位置や場所」も意味する。このスロットのように、日本語の構造は、従来からの言葉の間に、外来語がスムーズにはまるので、カタカナ英語が容易にできたといえる。

しかし、多用や誤用があるもののカタカナ英語は原語の発音に近いので、原語を明確に表現できる大きなメリットがあるのも事実だ。特に新技術や新知識を導入する際に、日本語に取り入れやすい利点がある。明治時代に外国の文明や技術を急速に受け入れられたのは、カタカナ英語に負うところが大きいといわれている。

その流れは、現在に至っても脈々と続いており、例えば、コンピュータ用語の、インターネット、ウェブ、サイト、オンライン、ブラウザー、ファイアー・ウォール、フロッピー・ディスク、ハッカー、クラウディングなどと、日本語の漢字にたやすく翻訳できずに、そのままカタカナになっている言葉が実に多い。これが、海外からの最新の知識を容易に吸収させて、日本人の文化向上に非常に資しているのは事実である。

それとは対照的なのは、カタカナがない中国だ。中国語ならば、外来語を表記するには漢字しかないので、従来語やその発音と区別するのが難しい。例えば、コンテナー船は

「箱船」であり、インターネットは中国語の繁体字《はんたいじ》では「互聯網」である。フロッピー・ディスクは「軟盤」だが、「フロッピー、floppy（ばたばたする）」の原意から離れているだけでなく、英語の元の発音にも転換しにくかったようだ。カタカナ英語は、海外の最先端の用語を受容しやすくさせる長所があるので、ビジネスや学問の分野で日本が中国よりも先んじている一因かもしれない。

また中国では漢字だけなので、発音が最も似ていて、印象の良い文字を当てているものの、もとの発音と似ても似つかぬものになってくる。その好例は「コカコーラ」だ。これは中国では「可口可楽」となり、「クカクラ」と発音される。また、「ペプシコーラ」は「百事可楽」であり、「パイシクラ」になる。

興味深いのは、中国で英語の原語をそのまま翻訳したものがあることだ。「ホットドッグ」は「熱狗」である（中国では「犬」＝「狗」）。これは実話だが、中国人留学生が初めてアメリカに渡って、ホットドッグを食べたとき、中身を見て、「これは犬のアソコじゃないか？」と言ったという。ちなみに、中国には犬を口にする食文化がある。

日本では英語を恥も外聞もなく取り入れて外来文化を素早く吸収し、言葉を豊かにする利点をもたらしている。それとは正反対なのは、フランスである。フランスでは、カタカナ英語に匹敵する「フラングレー（Franglais）の進出を食い止めて、フランス語の純潔性をかたくなに守っている。同国は1994年に「ツーボン法」がわざわざ制定されて、政府の刊行物や広告、関係事務所、さらに公営学校において、フランス語の使用を義務付けているくらいだ。

フランス語を誰にでも理解できる規則的言語に純化して統一するために、言語の最高権威であるアカデミー・フランセーズが目を光らせている。その目的を達成するために、辞書と文法書の編纂を重要な任務としているだけでなく、辞書の編纂以外の分野でも、是正勧告を発せられるほどの権限を持っている。つまり、アカデミー・フランセーズは、フランス語の純潔性を死守する牙城《がじょう》なのである。

しかし、英語による強大な影響力には抗し切れず、2014年11月末、フランス文部大臣ジュヌビエーブ・フィオラソが、フランスの大学にインド人の留学生がわずか3千人しかいない現状に鑑み、「大学は、英語による講座をもっと開設すべきだ。このままでは、プルースト〈著名なフランス小説家〉を、テーブルを挟んで論じ合うわずかな学者しかいなくなるだろう」と警鐘を鳴らした。もちろん、彼女の主張に対して、アカデミー・フランセーズが猛反対したことは言うまでもない。

にもかかわらず、現実の問題として、フランスでは英語の〝Bug（コンピュータ・プログラムの誤りや欠陥)〟や〝Buzz（電話の呼び出し)〟、それに〝Fashion（ファッション、フランス語では、モード〈mode〉〟までもが、そのまま多く使われている。興味深いのはfood（食べ物）とfeeling（感覚）の造語である〝Fooding（食べ物の愛好）〟ができていることだ。英米から押し寄せる英語文化の大波に、抗し切れないようだ。

イギリス人は、英語が世界的に一般化している現状から、自国語に大きな誇りを持っている。それを示すこんなジョークがある。

フランスの水兵がイギリスの水兵に尋ねた。

「なぜ、イギリスの海軍は何時も勝利を収めるんだい？」

イギリス水兵が答えた。

「僕たちは何時も神様に祈りを捧げるからだ」

フランス人は反論した。

「俺たちも同じことをしているよ！」

イギリス人は誇らしげに言い放った。

「僕たちは英語で祈っているからだ」

（つまり、英語の方が神様によく通じるというわけ）

英語が苦手な日本人

一方で、国際人としてコミュニケーションする上で必要不可欠な英語が、私たちは苦手で下手である。日本人は、小学校から中学、それに高校と大学入試に至るまで英語が必修科目になっているにもかかわらず英語が不得意であり、特に外国人相手に英語が使えないことは誠に不思議議である。

私たちは英語が下手だからこそ、英語の単語だけを専ら拾ってカタカナ英語にしていることがあると思う。さらに英語をそのまま単語で導入して、その語が含む多くの意味を知らずに使用し誤解を招くことがある。そこで英語を習得する重要性をますます感じさせるのだ。

日本人がどれだけ英語が下手かを示すジョークがある。2000年5月、当時の総理大臣森喜朗とアメリカのクリントン大統領が会談したときのことだ。わが国の総理に国際センスを望むのは無理と考えて、〝How are you?〟（ご機嫌いかがですか?）と、〝Me, too.〟（私もそうです）だけを言うようにアドバイスされた。

ところが、総理はいざ大統領に会うと、うっかり〝Who are you?〟（あなたは誰ですか？）と聞いたので、大統領は苦笑いをしながら、冗談だと思い、〝I'm Hillary's husband.〟（ヒラリーの夫ですよ）と答えたのだが、それに対して〝Me, too.〟（私もそうです）と言ったというのがオチだ。これは事実でない。しかし、創作されたジョークとはいうものの日本人の英語の下手さ加減をうまく示している。

事実、森元総理は英語が不得手なことについて、後に「私の世代は、特別に勉強をされた方でないと、外国語をよく理解しない」と述べ、続けて「小学校２年のときに戦争が終わり、英語は敵国語だった」と弁明している。

さらに、これは実話だが、ある中小企業の社長が商談でアメリカを訪れたときのことだ。英語ができないので日本語でスピーチをして、部下が訳していた。ところが社長は、せめて挨拶の最後ぐらいは英語で締めようと思い、英語で、「ワン・プリーズ（One, please.）」と結んだ。意味が分からなかった部下が後で社長に聞くと、得意げに「分らんのか？『ひとつ、よろしく』だよ」と答えたという。

多くの意味を持つ英語

以上のように日本人は英語が苦手で下手であるにもかかわらず、英語抜きでは日常生活に支障が出るようだ。なぜなら、町を歩いても驚くほどカタカナ英語が氾濫している。しかも、それは本来の意味から離れて、日本独自の言葉になっているものさえある。目につくものから列記しよう。

私は、東京でビルの屋上に立っている大きな看板に、「カット・ハウス」と大書してあるのを見たことがある。文字通り「家を切断、解体する」解体業者の広告かと思いきや、そうではなく、「頭を刈る専門店」の広告なのである。そういえば、かつて散髪店の看板に、「頭を刈る」を英語に直訳して「カット・ヘッド（頭を切断する）」にしたところがあった。

あるいは喫茶店の店頭に、「モーニング・サービス」と書いた表示が見られる。これは喫茶店の特別サービスとして「割安でコーヒーやトーストを出す」意味である。だが、これを見たアメリカ人が驚くのは、実際はそうではないのに、日本人は信心深いと思うのだ。というのは、「モーニング・サービス（morning service）」は、アメリカでは「教会の礼拝」を意味するからである。同じ英語でも、私たちと英米人とではまったく違う意味に取られている。

かつて読売巨人が、その年のモットーとして「クリーン・ベースボール」を打ち出したことがあった。「スカッとした勝ち方をする」意味合いだったが、「クリーン」は、「清潔な」と「すっきり」以外に、「犯罪のない」や「八百長がない」の意もあるので、何か今まで八百長があったのでそれを一掃するかのようにも取られるのだ。英語には、一つの言葉にいろんな意味合いが含まれているから、とても怖い。

2017年10月末に殺虫剤メーカーのアース製薬が、従来から使用してきた「殺虫剤」の、「毒性が高い」とのマイナス・イメージを払拭するために、これを「虫ケア用品」に変更した。すなわち「虫からケアして、人を守っていく」ことを目的に改称したという。だが、「ケア」は「世話」や「心配」を意味するので、これでは「虫を除去する」どころかむしろ「虫を大切にする」ことになり、本来の製品の目的と正反対になる。命名者は「ケア」の意味をはき違えているようだ。

一方で、ライバルの大手メーカーのフマキラーは、アース製薬とは対照的に、製品の虫の名前の前にことごとく「○○キラー」と「キラー」をストレートに付している。「キラー」の原意は「人殺し」であるにもかかわらず、カタカナ英語で元のニュアンスを巧みに隠している。

これは筆者の自慢話になるが、かつてテレビ番組の間違った英語を指摘して取り下げさせたことがある。その番組は、女性アナウンサーと有名男性タレントが互いに火花を散らして激しくやり合うという触れ込みである。そこで2人の画像の間に、互いの論争の激しさを表現するために、火花を散らす音〝BANG、BANG（バン・バン）〟の英語の字幕を大きく入れた。ところが、〝BANG〟はスラングで、「セックスをする」意味である。すぐさまテレビ局に電話をかけてその間違いを指摘したところ、それを素直に認めて取り下げたのだ。

英文学者の外山滋比古氏が「外来語、カタカナ英語を乱用するのは、怠けである」と名言を吐いたが、確かに、その原意を考えずに安易に使われる例が実に多く見られる。

大人気を博したある日本人歌手が、「僕ぐらいにビッグになると、そうはいきません」とうぬぼれたことから顰蹙《ひんしゅく》を買い、それを機にいっぺんに人気を失ったことがあった。彼はビッグを、おそらく「有名になる」と言ったつもりだったのだろうが、これが「大物だ」との意味に取られて、「思い上がっている」との顰蹙を買う結果となり思わぬ不幸を招いたのだ。

さらに、ある女性タレントが「何時もレモンのようになりたいと思っていました」と、レモンの力を信じるとし、「フレッシュ・レモンになりたいの！」が、自分のキャッチ・フレーズだと広言してはばからなかった。ところが、これをアメリカ人が聞いたら驚くに違いない。というのは、「レモン」はスラングで、「欠陥のあるもの」や「いやな人」を意味するからだ。

実話で今でも語り草になっているのは、ある日本の外務大臣がワシントンを訪問した際、不得意の英語を使って集まった記者の人気を博そうとした。自分の名前の中に「桜」があったので、〝マイ・ネーム・イズ・チェリー（My name is cherry.）〟と言ったところ、頭は見事に禿げ上がっていたので、場内の爆笑の渦を招いた。本人は、てっきり自分のユーモアが通じたと喜んだ。

ところが、スラングで、〝cherry（チェリー＝サクランボ）〟は「処女、童貞」を意味し、I lost my cherry.〟は、「童貞（あるいは処女）を失った」になる。この語に思わぬ意味があることを知らなかったのだ。

このように英語の原意には様々な意味が含まれており、それを知らないと多くの誤解を招くのである。

日本人のおかしな英語

カタカナ英語が氾濫して英語に馴染んでいるにもかかわらず、なぜ日本人は英語を不得手とするのだろうか。それを是正したり、向上する方法はないのだろうか。

アメリカ人が、日本人の英語力に驚いたことがある。アメリカ人教授が、訪米中の日本人学者をホテルの部屋に訪ねた際、その日本人学者に、たまたま電話がかかってきた。学者は相手が誰か分からないので、「どちら様ですか？」を、〝Who are you? Who are you?〟と繰り返し聞いているではないか。その場合、〝Who is this?〟と言うべきなのだ。

また、その同じ学者が、彼に時間を聞いたとき、〝What time is it?〟と言ったというが、これは〝Do you have the time?〟と聞くのが正しい。英語の素養がある日本人学者といえども日常会話に不慣れのためか、間違いを犯しやすいようだ。日本人学識者の英語力の弱さに、アメリカ人教授は驚いたのである。

それ以外に、アメリカの文化を知っていないと英語が理解できないことがある。私がアメリカで経験したのは、日本から駐在員が赴任してくると、車社会のアメリカだけに、まず取得しなければならないのが運転免許証だ。それを取得する上で、実技の実地試験が行われる前に筆記試験が行われ、標識を判別できる英語力があるかどうかを試す。ところが驚いたのは、東大出身で英語が自慢の赴任社員が、それで不合格になることが少なくなかったことだ。

すなわち、試験問題に標識の〝CROSSING〟が出題されると「踏切」と答えられても、〝DEER CROSSING〟が答えられない。これは「鹿が飛び出すから注意」の意である。ニューヨークの郊外でも、鹿が出没する所がある。私の取引先で、郊外から市内に自動車で通っている人が、鹿と衝突して車を大破したことがあった。〝DEER CROSSING〟は、鹿が頻繁に出没する場所に立てられている標識なのだ。

さらにその赴任社員は、〝SOFT SHOULDER〟が分からない。〝SHOULDER〟は「肩」でなく「道路の路肩」なので、「路肩が柔らかい」を意味する。

アメリカ文化を理解できないと、とんでもない誤訳が出ることがある。その好例で傑作なのは、「〝Gulf station〟で会いましょう」という小説中の一文を、「〝gulf（湾）〟近くの〝station（駅）〟で会いましょう」と和訳したことだ。ところが、〝Gulf〟は「著名なガソリンのブランド名」であり、また〝station〟は「駅」ではなく「ガソリン・スタンド」である。つまり、「ガルフを売っているガソリン・スタンドで会いましょう」を意味していた。

また、ニューヨークを舞台にしたテレビ映画の中に、乗客がタクシーの運転手に、〝73rd and Park.〟と指示した場面を、驚いたことに「73番地、公園の角」と訳していた。この表現は、ニューヨークを知っている人なら「パーク・アベニュー（通り）の73番街の角」の意味であり、その辺りは高級住宅街であることを熟知している。

この諸例は、辞書だけの和訳だけでは不十分で、その国の文化や生活様式も知っていないと理解できないことをよく示している。イギリスでは、外国語教育に携わる識者が、単に外国語そのものを教えるだけでなくその国の文化を教えるべきだと唱えているが、もっともだ。というのは、先の例が示しているように言葉はその国の文化に深く根ざしているだけに、文化を理解することによって言語そのものが分かりやすくなるだけでなく、世界的視野を広げてくれる。従って、言葉そのものだけでなく、その国の文化や社会も併せて習得することに心掛けなければならないと思う。

英語は難しい

英語を知っていると、意外な事実に出くわすことがある。「麻生節」で有名な麻生太郎副総理が総理大臣だった頃、イタリアの当時の首相シルヴィオ・ベルルスコーニに面会した、テレビ中継の場面でのことだ。麻生総理は美人の日本人通訳を横に置いてベルルスコーニに英語で耳打ちした。後ろにいる彼女を指さしながら、驚いたことに

〝She is not my girlfriend.（僕のガールフレンドじゃないよ）〟

と言ったのだ。

当時ベルルスコーニは、〝ブンガ・ブンガ〟と騒がれた乱交パーティーで、国民の顰蹙《ひんしゅく》を買っていたが、それを聞いた彼は、にやりと笑った。〝ガールフレンド（girlfriend）〟は、日本では単なる「女友達」と一般に解されているが、欧米ではそれ以上に性的関係を持つ

「愛人」や「恋人」を意味する。英米に留学経験を持つ元総理がこの違いを知らないはずはなかったと思う。一国を代表する首相にしては品格を疑うような発言だった。もちろん、それを報じた日本の新聞はなかった。

また、英語が分からないと、大事な千載一遇の好機を逸することがある。2014年4月1日、レッドソックスの上原浩次投手が、チーム一同とホワイトハウスに招待されたときのことだ。前年のワールドシリーズを制したチームがホワイトハウスを訪れるのは、恒例行事である。

中庭で行われたセレモニーでオバマ大統領はレッドソックスの優勝を祝福し、胴上げ投手となった上原の名を挙げて、「見事なスプリットで4勝中2勝を上げた。大リーグの歴史に名を刻む投球だった」と、その活躍ぶりを大いに持ち上げた。

しかし、身に余る褒め言葉を受けながら、本人は自分のことだと分からずにきょとんとしていたのが印象的だった。上原投手は後で、「日本人選手の名前を呼んでくれることは滅多にないので嬉しかった」と述べたが、そのとき、すぐに理解できなかったことを彼は大いに悔やんだに違いない。

ともかく英語をマスターするのは難しいものである。高校生時代に英語を習得する際、先生から聞かされたのは、「ドイツ語は泣いて入って笑って出るが、英語は笑って入って泣いて出る」ということだ。つまり、ドイツ語は、初めは文法などが複雑なことから悩まされるものの、いったんこれを習得すると、後は楽になる。また発音も型にはまっているので覚えやすい。

ところが英語は、習い始めた頃は、和製英語が多いので取り付きやすいが、習えば習うほど語意や発音の仕方が多岐にわたっているので奥行きが深く、ますます難しくなる。

例えば、英語の発音は実に複雑で、ややこしい。〝gh〟の入った語句が典型であり、実に11通りの発音の仕方があるのだ。その代表例を挙げると、「ghetto（ゲット、スラム街）」は〝g〟、「enough（イナフ、十分な）」は〝f〟、「hiccough（ヒカップ、しゃっくり）」は〝p〟、「daughter（ドーター、娘）」や「through（スルー、を通って）」に至っては〝gh〟を発音しないのだ。

ドイツ語のような単純な法則がないので、英語の習得をとても難しくさせている。それを克服する方法は、暗記するしかないのである。

発音の仕方も、アメリカとイギリスで同じ英語を使っているとはいえ、ずいぶん違うようだ。アメリカ人がロンドンを訪問して、現地の英語がよく分からないとこぼすのをよく耳にする。また、同じアメリカでも南部の英語は、〝Southern drawl（サザン・ドロール）〟といって、母音を伸ばす独特の訛《なま》りが聞きづらい。アメリカの標準英語が、ニューヨークやボストンではなく、シカゴ中心に話されている英語であることを知っている日本人は意外と少ない。

日本人の英語の発音の仕方によって、外国人に違った意味に取られることがある。ある日本商社マンが、香港で友人とビールを飲みながら会食をして、いざ勘定をすませる段になり、ウエーターに、

「ビル、プリーズ」

と頼んだところ、ビールを1本持ってきた。

英国圏では「勘定書き」のことを「bill（ビル）」というが、「ビール（beer）」と聞き間違えたのだ。なお、他国での似たような失敗は、フランスで、日本人が「ビール」を注文したら、「ビイル」が出てきた。「ビイル（byrrh）」とは「ワインをベースにしたアペリティフ」のことなのだ。ちなみにフランス語で「ビール」は、「biere（ビエール）」である。

また、地名も同じアメリカでありながら、違うのがある。テキサス州南東部のヒューストン（Houston）は、アメリカ航空宇宙局（NASA）のジョンソン宇宙センターが設置された都市として有名である。それと同じ綴りで、ニューヨークの下町通りの〝Houston Street〟は、「ヒューストン」でなく、「ハウストン」と呼んでいる。結局、その違いは、記憶で覚えるしかないのだ。

米語と英語（正確には、クイーンズ・イングリッシュ、Queen's English）における単語の違いは、日常用語でも驚くほど多い。アメリカの「ガソリン（gasoline、あるいはガス）」は、イギリスでは「ペトロール（petrol）」、「アパート（apartment）」は「フラット（flat）」、「エレベーター（elevator）」は「リフト（lift）」であり、さらに「トラック（貨物自動車）、truck」は「ローリー（lorry）」だ。

あるいは、米語の「サブウェーイ（subway、地下鉄）」は、イギリスでは「アンダーグラウンド（underground）」と言う。その違いについて、こんなジョークがある。

イギリスの観光客がニューヨークを訪れた。地下鉄に乗ろうとして、道端に立っているアメリカ人の若い男に聞いた。

〝How can I get to the underground?〟

男は答えた。

〝Drop dead!〟

この〝underground（アンダーグラウンド）〟は、アメリカ人に文字通り「地下」と解されたので、「地下に行く」には「死ぬ」しかないと答えたのがオチだ。だが、〝drop dead〟はスラングで、「うるさい」や「くそくらえ」を意味し、二つの意味を掛け合わせている。

また笑い話になっているのは、イギリスでは〝knocked up（ノック・アップ）〟と言え

ば、「叩き起こす、目覚めさせる」だ。若いイギリス女性がアメリカを訪問して、アメリカ人の仲間にこぼした、

〝I am tired because the room service knocked me up early.〟（とても疲れているの。ホテルのルームサービス係が、朝早く叩き起こすもんだから）

と言ったところ、相手がびっくりした。というのは、アメリカでは〝knocked up〟は、スラングで「妊娠させる」を意味するからだ。

アメリカ人自身も、自分たちの言葉が奇妙であることに驚いている。例えば、松（pine）とリンゴ（apple）がないのに、なぜパイナップル（pineapple）なのか、あるいは卵（egg）が入っていないにもかかわらず、どうして茄子《なす》（eggplant ）なのか、またハム（ham）が含まれていないのに、なぜハンバーガー（hamburger）なのか、などを指摘している。

それ以外に、アメリカ英語にはスラングが実に多くできている。例えば、ハム（ham）である。日本の大手ハム会社のコマーシャルに、アメリカの著名俳優が出演したことがあった。それを見たアメリカ人は腹を抱えての大笑いである。なぜなら、その役者は大根役者として名高く、「ハム」がスラングで「大根役者」を意味するからだ。ただし、その俳優は、出演する条件として、そのコマーシャルをアメリカに流さないことになっていた。

また、ゴルフで日本の女子プロのトーナメントに、「CAT LADIES」というのがある。CATは本来「猫」だが、スラングで「意地悪女」や「陰口をきく女」を意味し、かつては「売春婦」を指していたほど、女性に対して良いニュアンスには取られていない。〝cathouse（キャットハウス）〟といえば「売春宿」である。なお、このトーナメントの主催者は、アメリカの大手建設機械製造会社の子会社だというから、その悪い意味を知らないはずはなかったと思う。

このようにアメリカ英語には思わぬ隠れた意味があり、英語をますます難しくさせている。

それでも英語を習得しよう

これらの例は氷山の一角に過ぎず、英語が「笑って入って泣いて出る」ように、その習得の難しさをよく示している。といって、英語をマスターするのは、習得方法さえ正しければ、決して難しいことではない。

しかも、グローバリゼーションに伴って、英語の習得が不可欠となってきていることを、ＬＥＤ（発光ダイオード）でノーベル賞を受賞した中村修二氏が鋭く指摘した。彼は、携帯電話や太陽電池の例を挙げて、日本がガラパゴス化しているのは言語の問題が大きいとし、「第1言語を英語、第2言語を日本語にするぐらいの大改革をやらなければ」とまで極論を吐いているのだ。

英語を習得する方法は、「学問に王道なし」といわれるように、書店をのぞいても、その書はごまんとある。その中で最も手頃で効果的にマスターできる方法を、私の経験から教えたいと思う。

まず念頭に入れてほしいのは、英語習得について、「イージー・ラーニング」と謳って音楽を聴き流すように聞けば習得できるとする教材がある。それによって「英語が突然口から飛び出す！」としているが、英語は、そうイージーに習得できるものではないのだ。

このような教材である程度ヒアリングは上達するかもしれないが、英語は、「話す」と「聞く」こと以外に、「読む」と「書く」もできる、計4拍子が揃わないと習得したことにならないから厄介であり、これら全てをマスターするには地道な努力をする他はないのだ。

そこで、手頃な英語習得法を紹介しよう。

インターネットの活用

私はパソコンを「小さな悪魔」と呼んでいる。というのは、これは恐るべき魔力を持ち、無限の可能性を秘めているからだ。文筆業に携わる者にとっては、これほど便利な器具はないと思う。漢字の変換や送り仮名の選択、ルビ打ちだけでなく、文章の入れ替え、継ぎ足しや補充、それに保存をする上で極めて重宝だ。中でも英語習得の上でパソコンが非常に役立つのは、これから述べるインターネットとEメールである。

英語上達の手始めとして勧めるのは、インターネットであり、それを日常欠かさずに活用することだ。現在、世界中のウェブ・ページは、実に約45億である。ところで、有力ウェブ市場調査会社であるW3Tech.comが、2013年4月に行った調査によれば、ウェブで最も利用されている言語は英語で全体の54・9％を占めており、第2位のロシア語の6・1％を圧倒的に引き離しているという。外交用語とされるフランス語は4・3％と第6位に甘んじている。

このように英語を媒体にした情報は他の言語に比べて圧倒的に多いので、有用な情報を素早く入手するには、英語ができないとどうにもならないのだ。

インターネットは私たちの日常生活、中でもビジネスマンにとって不可欠の存在である電子メールやファイルの閲覧だけでなく、インターネット電話、検索エンジン、ソーシャル・ネットワーキング・サービスなどと多事多彩にわたっている。わが国でも、総務省が調査したところによれば、2016年のインターネット利用者数は、2015年より38万人増加して約1億84万人、人口普及率は約83・5％（前年比0・5ポイント増）に達したという。

インターネットの最大の長所は、そのスピードと正確さにあると思う。例えば中国では、その検閲が極めて厳しいといわれるが、中国政府が好まない情報が流れるのを止めようとしても瞬く間に拡散するのでモグラ叩きとなり、その速さに検閲が追いつかないようだ。

インターネットから入手できる情報は、新聞やテレビよりもホットなニュースがいち早く得られる利点がある。しかも最近のパソコンでは、報道とともに動画やビデオ、それに音声までも一緒に見られるので、英語であっても記事内容を理解しやすくさせてくれる。これを繰り返し見れば、大いに英語の勉強になるのだ。

また、日本のテレビ放送では見られないスポーツ番組が楽しめる。例えば、2013年3月に行われたワールド・ベースボール・クラシック（WBC）は、日本では高い視聴率を誇った。だが、日本の放送局が実況放送をしたのは準決勝までであり、あれほど大騒ぎしたＷＢＣも、現金なもので、日本が敗退した後の決勝戦を実況放送しなかった。

ところが野球ファンが気にするのは、強豪ドミニカ共和国対ダークホース、プエルトリコの決勝戦だ。その際、役立つのはアメリカ・メジャーリーグのホームページ、MLB.COMである。それを開くと、リアルタイムに試合経過をつぶさに伝えていた。結局、3月19日に、ドミニカ共和国が3対0で優勝したが、この試合模様がやっと日本で流されたのは、14時間半後の翌早朝だった。

このような利便性の高いインターネットを利用しないわけにはいかない。筆者は朝一番、パソコンを開いて、外国主要新聞の英語サイトで、その日のニュースを見ることを日課にしている。愛用しているのは、ＢＢＣのホームページだ。というのは、イギリス国内の話題に限らずに、アメリカをはじめ中近東や中国についても万遍なく公平に扱っているからである。

これ以外にアメリカ国内だけでなく世界各地の主要新聞の最新の記事が精選されて広く報じられているのが「Google News」であり、それも欠かさずに利用している。同サイトは、アメリカの都市や地方の新聞や専門誌だけでなく、海外ではイギリス、アイルランド、オーストラリア、インド、イスラエルなど、驚くほど多くの新聞記事の特ダネを広範にわたって掲載している。興味深い最新の話題が多いので、これを見るだけでも英語の勉強になる。

ビジネスにおいて、スピードは「機先を制する」というように、競争相手に先駆けて手を打つことが極めて重要である。ＩＴ関連企業の大手、米シスコ・システムズ社のジョン・チェンバース元会長は、このことを、いみじくも「規模の大きな企業が小さい企業を負かすのではなく、アクションの早い企業こそが遅いところに打ち勝つ」と的確に表現している。

つまり、現今の情報化社会においてはグローバル化が急速に進んでいるので、意思決定やアクションが遅い企業は取り残されて生き残れないのだ。インターネットで報道される各国からの情報が日本の新聞やテレビで翻訳されて報道されるのは、大概その翌日という遅さである。

インターネットでいち早く得た情報で筆者がどれほどビジネス上、助けられたかは計り知れない。例えば、アメリカ親会社の「Chapter 11（会社更生法）」の申請をインターネットで早朝に知って、その日本子会社と取引をしていた関係先に直ちに連絡したことがある。その結果、当該関係先は、この子会社との取引を素早く手仕舞いし不渡りの被害に遭わなかったのを感謝されたことがあった。

Eメールは不可欠

また、インターネットで忘れてはならないのはEメールである。私は毎朝、これをチェックして、国内外の取引先や友人からの英語メールの受け答えを日課にしている。

Eメールの便利さと有難さは、過去に様々なコミュニケーション手段を使った経験がある人ならでは、分からないことが多くある。例えば、私が駆け出しの頃、使用されたのが電報である。その際、上司に教えられたのは、経費節約のため語数を減らして簡明にすることだ。ところが、今では笑い話になっている語句は、「カネオクレタノム」である。これは故郷の両親に「金送れ、頼む」と送信したのが、「金遅れた、飲む」に取られて、送金されなかった。また、「アスルスバンニコイ（明日留守番に来い）」は「明日留守、晩に来い」と取られたケースがある。語数を減らすのはいいが、このような混乱が生じる。

次に出現したのが、ファックスだ。これには語数の制限がなく、意を尽くすまで、自由にコミュニケートできた。これがかえって仇《あだ》となって、冗長の長文となりやすい。ある大手企業の海外駐在員が、あまりにも長々と一続きのファックスを打ってくるので、社内でこれを「褌《ふんどし》電報」と呼んでいたことがあった。

次に、その改良版として登場したのがテレックスである。1枚の紙に文書を好きなように自ら書くことができたものの、問題なのは漢字や送り仮名に迷うことが多く、その上、自筆なので判読できないものすらあった。

その点、インターネットは実に便利だ。漢字や送り仮名に頭を悩ます必要はなく、宛先も好きなだけ何人にでも送れる上に、コストがとても安い。しかも、BCC（Blind Carbon Copy の略、「隠しコピー」）という独特の便利な機能がある。BCC宛先に送付しても、本文やコピーを送付した先には知られない。その利点は、組織の大きいところで、「根回し」が必要なときや、一部の関係者にしか知らせない場合に利用できる。これはビジネス上、役立つことが非常に多い。

例えば、欧米では新規の客を紹介されて初めて商売が成立した場合、紹介者に対して、依頼した先は一定のコミッション（口銭）を必ず支払う商慣習（finder's fee「ファインダーズ・フィー」）がある。ところが紹介された先は、先の両者間でコミッションの授受が行われていることを知りつつも、値段が高くなるだけに快く思っていない。また、紹介後の細かい商談内容についても知られたくない。

だが、紹介を依頼した先は、その後の商売の経過を紹介者に求められたら断れない。紹介者に対し、その経過、つまり取引が成立したかどうかを報告する義務がある。紹介者としては、口銭問題が絡んでいるので、その後のビジネスの進捗状況を知りたいのである。そこで、紹介の依頼先は紹介先との交信内容を紹介先に知られないように、紹介者に更新内容をBCCで逐一連絡するわけである。

ところで、Eメールで気をつけなければならないのは、「うっかり」である。送信してしまってからから間違いに気がついても取り消しができないことだ。ファックスの場合、会社では、通常、特定部署でまとめて送信するので、間違いに気づけばそこへ駆け込めば発信を止めることができた。だが、Eメールの場合にはできないので、送信前に十分にチェックしてから発信しなければならない。

このように便利で安価なEメールを利用しながら、外国に取引先や友人を多く作って、英語で頻繁にやり取りをすることは、英語上達の有力な方法であると思う。

第5章◉美化される「おもてなし」

おもてなしの真髄

「おもてなし」という言葉が、一躍脚光を浴びたのは、2013年9月7日、国際オリンピック委員会のIOC総会である。その席上で、タレントの滝川クリステルが、流暢なフランス語を話す中でこの語を引用して最終プレゼンをした。そのことから、2020年東京五輪の招致に成功する決め手になったといわれ、しかもその語が2013年の新語・流行語大賞に選ばれるまでになった。

彼女のプレゼンそのものは確かに聴衆の「情感」に訴える素晴らしいものだった。フランス語を巧みに駆使しながら、身振り手振りで日本の良さを表現してIOC委員の心を動かしたのは確かだ。彼女は、このスピーチの中で、おもてなしとは「歓待、気持ちの良さ、見返りを求めない、無私無欲の深い意味合いのこもった言葉です」と語った。つまり、その語源が示すように、「表裏《ひょうり》なし」に、つまり二心《ふたごころ》なく、客と素直に対応することだ。

しかし、その「おもてなし」とは、果たして日本人が自慢できるだけの中身を伴っているのだろうか。内容を吟味すると、一部は彼女の言う通りだが、事実に反している部分も少なくないように思われる。サラリーマン川柳でも、「おもてなし　受けて見たいが　あてもなし」という嘆きが聞かれるくらいだ。

彼女が自慢する「おもてなし」も、最近、地に落ちるような出来事が起きた。2014年3月8日、サッカーJ1浦和レッズのホーム試合で、心ないサポーター・グループがコンコース内に「JAPANESE ONLY」という差別的な横断幕を掲げたのだ。サポーターたちは、その理由を「海外からの観光客が入って来て、応援の統制が取れなくなるのはいやだった」と説明していたが、これは外国人排斥の差別行為に他ならない。

国際サッカー連盟（FIFA）では、〝NO TO RACISM（人種偏見に反対せよ）〟というスローガンのもとに差別行為を厳禁しており、Jリーグも素早く浦和レッズに対して史上初となる無観客試合の重い処分を科した。

同月23日に行われた無観客試合は、選手の家族だけでなく、ファンの球場周辺への立ち入りを禁止するほど厳しかった。入場料収入だけで1試合平均約9900万円に上るだけに、手厳しい処置である。

この出来事は、人種差別的な考え方を持っている人がわが国に根強く残っている事実をよく示している。事実、「JAPANESE ONLY」の張り紙は、他でも見られた。浅草の老舗《しにせ》天ぷら屋はこのサインを掲げていたのを注意されて、「JAPANESE LANGUAGE ONLY（日本語だけ）」に変えたという。ただ、この店主にも言い分があり、

「これを貼ったのは、中国人相手であり、彼らが土足で畳に上がったり、勝手に2階に上がって困ったからだ」

と反論していた。

中国人を嫌悪するのは、この店主だけではないようだ。興味深いことに、シンガポールでは、家主が本土系中国人に貸したがらないという。そのわけは、家をきれいに掃除せずに清潔感がなく、悪臭の立つ料理を作るからである。シンガポール人の約74%が中国系で占められているにもかかわらず、同じ民族でありながら、一線を画して差別するのだ。

先の「JAPANESE ONLY」は、2020年の東京オリンピック大会を控え、グローバル化が進んでいる中で、決して許されない出来事であり、偏見や差別行為は早く捨て去らなければならない。政府は観光業に力を入れているだけに、このような「おもてなし」に反する行為は慎むべきである。

政府が発表したところによれば、2016年の外国から日本に訪れた観光客総数は約2404万人に達したが、アメリカはニューヨークの一都市だけでも観光客は年間6000万人超（2016年のイタリア全観光客約5237万人を凌駕）に達している。これを理由に、ニューヨーク市長、ビル・デブラシオは、「これ以上の観光客は要らない」と言って、2024年のオリンピック誘致を断った。

ちなみに、2016年、世界で観光客が最も多かったのはフランスであり、実に年間約8260万人に上った（国連観光統計による）。このことから、日本は観光誘致の拡大に努力を傾注しなければならない余地が、まだまだ多く残されている。

例えば政府は、新興国からの観光客を増やすためにビザ要件を緩和する国を増やしている。その結果、2013年7月、タイとマレーシアの観光客は、「ビザなし」で入国できるようにしたところ、両国の観光客は6割超も増えた。一層増やすために、原則「90日間」としていた滞在期間を1年に延ばすことや、カジノ設置の構想を進めたりしている。だが、不法残留者が増えたり、カジノ設置を巡っては暴力団が絡んだり、不正資金の洗浄に使われる懸念があるために難航している。

町全体のおもてなしも必要

個人にとっておもてなしが重要であると同時に、各都市や地域も、組織全体を挙げて独自に観光客の増加につながる努力を尽くさなければならないと思う。

私が想起するのは、以前にローマから帰京した際、天候悪化のため関西空港に降ろされ、近隣にホテルがなかったため京都に泊まったときのことである。ホテルに着いたのが夜半を回っており、空腹を満たそうとしたところ、どこも閉まっているのだ。前日滞在したローマでは、夜半を過ぎて早朝までも、繁華街はバール（バー）やトラットリア（小さなレストラン）で大にぎわいだったのと好対照だった。

しかも驚いたことに、中心街、河原町通りを暴走族が走り回って警官がてんてこ舞いで取り締まっていた。京都育ちの筆者にとって信じられない悲しい光景だった。そのとき、深夜でも観光客が安心して京都情緒が楽しめるようにしてほしいと心から願ったものだ。それには、一定地域に深夜営業の飲食店を集中的に集めて、そこへ外国人観光客が安心して行けるようにするのも一案かと思う。

古都、京都は千年の長い歴史を誇っており、同地には無数の由緒ある神社仏閣や名所が重層的に存在している。それに加えて、同じ場所ながらもサクラから紅葉へと四季の変遷とともに、景色は美しく変化していく。これを政府や市当局が、海外からの観光客が古都を堪能できるようなコースを多く設定して、分かりやすいようにガイドブックやパンフレットを主要外国語で作成すべきだ。

それ以外に、京都は由緒ある三大祭りが楽しめる。すなわち、下鴨神社と上賀茂神社で行われる例祭の葵祭《あおいまつり》（5月）や、山鉾《やまぼこ》巡行や宵山で有名な祇園祭（7月）、平安神宮の時代祭（10月）である。また、真夏になれば、人生の無常を感じさせる感傷的な大文字や妙法などの五山の送り火が見られる。

　京都には、パリやローマに匹敵する、いや、それ以上の名所旧跡が数多く散在しているので、全世界にもっと誇りを持って紹介し、特定地域でなく、郊外などの旧跡や美景を、より広範に案内しないのは実にもったいないと思う。これだけ豊富な歴史的・文化的資産を海外に向けて広く親切に紹介することは、取りも直さず、「おもてなし」につながるのである。

　ただ最近、京都では嬉しい悲鳴だが、外国観光客は2015年に前年比約183万人増の約316万人に増加している。ところが、彼らは一定地域、例えば祇園に大挙して押寄せ、舞妓《まいこ》さんや近隣の人たちが大迷惑を受けているという。例えばスナックを食べ歩きながら、同じ汚れた手で舞妓さんの着物に触ったり、道端で大声を立てて大騒ぎし、私有地や進入禁止地域にまで入り込むのだ。

　その集中化を解消するには、古都保存法の保護下にある歴史的地区の祇園への立ち入りに際して、京都の社寺仏閣が入場料を取っているように入場料を取得してはどうだろうか。その収入で地区の安全保持や観光案内、清掃、トイレ整備などに資せられる。

「おもてなし」は過剰サービス

そもそも「おもてなし」は、有償なのか、それとも無償かについて、曖昧な言葉である。英語に訳せば、その定義がよりよく理解できると思う。「おもてなし」を厳密に分析すると、「ホスピタリティ(hospitality)」と、「サービス (service)」の2つに分けられる。わが国ではその2つが混同されているようなので、これを明確に区分する必要があろう。

ホスピタリティは、「思いやり」や「心からのおもてなし」を意味するように、対価を求めない「無償の親切心」である。特に「おもてなし」は、英語では、「ジャパニーズ・ホスピタリティ」と訳されているように、日本人ならではの心遣いと親切心を意味している。

通常、「ホスピタリティ」は、訪問客や見知らぬ人に対して親切に応対する行為である。従って、客の期待をいい意味で裏切らない気遣いこそが「ホスピタリティ」とされて、相手のことを慮《おもんばか》る気持ちから生まれている。

例えば、日本人が外国人に道を聞かれて、英語が分からなくてもスマホでその行き先を調べて教えることがある。レストランやホテルからコンビニに至るまで、程度の差はあるにせよ、店員はどんな客に対しても、対価を求めずに同等に対応してくれる。見返りを願わずに相手を丁寧に扱うことができるのは日本人の良さであり、これこそが真の「おもてなし」だと言えよう。それには、とりなしやたしなみ、挙動、態度などが含まれており、これほどの細かい気配りは、日本人にしかできない技なのである。

それに対して、今一つの意味でのサービスは、「相手のために、気を配って尽くす」ことだが、本来は有償であるべき行為を指している。サービスを提供する主と、それを受ける従の主従関係にあり、通常、労力を提供する側の主が、相手から対価を求める。

ところで、外国人が驚くのは、デパートに行けばなんらの報酬を求めずに店員がお辞儀をして迎え入れたり、エレベーター・ガールが丁寧に乗せてくれる。あるいは店員が、物色しているだけの客にも見返りを求めずに丁寧に接する親切さである。また、レストランなどでは水やおしぼりが無料で出されるのだ。

しかし、これらは「おもてなし」と称されているものの、実際は過剰サービスだといえるのではなかろうか。チップが当然の外国人にとって、チップがないのに、何のために頑張って働いているのか不思議に感じるようだ。これらは、無償のホスピタリティではなく、本来は有償であるべき行為なのである。

その典型が、いわゆる「サービス残業」（俗称：サビ残《ざん》）ではないだろうか。雇用主から正規の賃金が支払われない時間外労働だ。雇用主がその立場を利用し、被雇用者に対して強いる場合が一般化している。もちろん残業に対しては、労基法上、相応の対価を払わなければならず、サービス残業は違法であるものの、直接・間接的に様々な手段で横行しているのが実情である。

このようなサービス行為は、従業員の犠牲の上に成り立っている。日本人は、「おもてなし」という日本独自の美しいサービスは最高だ、とよく自慢するが、それは世界を知らない日本人の自己満足ではないだろうか。日本にはチップの習慣がないので、そのサービスの分は、請求額に当然含まれていなければならないのに、含まれていないことになる。

つまり、日本のサービス業に従事している人たちは、「おもてなし」を強いられて、安い料金で働かされ、少なくとも、その分だけ損をしている勘定になる。一般的にいう「おもてなし」には、そういう従業員たちの犠牲で成り立っている「サービス」の部分が含まれており、「おもてなし」の美名のもとに、ごまかされて、ぼったくられたといえよう。言い換えれば、その親切さの分だけ、労力の提供として料金に上乗せし、従業員に還元してしかるべきなのだ。

よくよく考えてみると、人間が提供するサービスは労働行為である。つまり、労働を提供すれば、それに対して何らかの報酬をもらうのが当然だ。それをもらわないというのは、労働奉仕、つまり無償提供であり、労力のダンピングではないだろうか。

これを裏付けるかのように、日本生産性本部が2017年12月20日に、2016年の労働生産性の国際比較を行った結果、日本の卸売・小売業、飲食宿泊などのサービス産業は、先進7か国中最下位であり、アメリカの実に約半分と、生産性が著しく低いのだ。

その一因に、手間を惜しまずに相手に尽くす「おもてなし」があるからではないだろうか。手間、すなわち「おもてなし」を省けば、温かみのないサービスになると考えがちだが、決してそうではなく、温かみを残しながら誠意あるサービスを行う余地は十分に残されている。

サービス業には様々な業種があるが、それぞれに、製造業で当然のごとく行われている「見える化」や「標準化」を挿入すれば、遅れているサービス産業の生産性を向上できると思う。「見える化」とは、現場の状況や問題点などを、普段から「見える」ようにして、企業活動を行う上で生じる様々な問題を「気づき」やすくすることだ。その例として、宿泊業者は、スキルマップ（仕事に必要なスキルの一覧表）を作成してスタッフの習得スキルを可視化することで向上できる。

また、「標準化」によって、各人によるバラツキのある業務内容を、誰もが同等にサービスが行えるようにしてサービス業の合理化を図るのも有力な手段である。ともかく、価値を生まない仕事つまり過分のおもてなしを削減して生産性を上げ、賃金水準の引き上げに結びつけなければならないと思う。

なお、アメリカの著名な社会学者アーリー・ラッセル・ホックシールドは、働き手が、苦手の相手にも親切で丁寧に接し、常に笑顔を絶やさず、心にもない言葉を口にすることを、社会学的に「感情労働」と規定している。表情や声、態度などの感情を暗に求められる仕事を意味し、顧客に対して心をこめた歓待や接待をする「おもてなし」も含まれる。その典型は、笑みを絶やさないキャビン・アテンダント（CA）や看護師などという。同氏は、無理をして感情表現をすることによる不眠やイライラ感などに起因する心の病の弊害を大きく取り上げている。

「おもてなし」に代わるチップ

外国で一般的なのは、タクシーやレストランなどで、従業員のサービスに対してチップを支払うのが当然の慣わしになっている。通常の相場は、請求額の15〜20％だが、その習慣がない私たちには、不慣れなので戸惑うことが多い。

例えばニューヨークのタクシーの運転手はチップが収入の大半を占めているので、いきおいその額に非常にこだわる。これはニューヨークに長らく住んでいる日本商社マンから聞いた話だ。

ニューヨークのタクシー運転手は、無愛想なことで悪名高い。チップを渡して少ないと「これっぽっちかい！」と怒鳴られた上に、突っ返される。普通の額であれば、「サンキュー」とも言わずに押し黙っている。少し多めに渡すと、やっと口を開いて「サンキュー」だ。たっぷり出せば、笑顔で「サンキュー・ベリー・マッチ！」と言う。

ところが、「サンキュー・ベリー・マッチ・サー！」と、敬称の〝サー（SIR）〟を付けられて、心から感謝されていると思ったら、とんでもない見当違いだ。この言葉は、彼らが予想外の高額をもらって、「こんなに多く渡すお前さんは、カモだ」を意味するという。

私たちは、チップを、接客してくれた運転手や店員のサービスに対して、任意ではあるが現地での慣例に従って謝礼の意味で支払わされている。アメリカのレストランの中にはチップを取らずにサービス料として初めから請求金額の1割を勘定書きに乗せて請求する店があるが、それでもチップを置くのが決まりとなっている。

興味深いのはフランスである。レストランに行くと、請求書にサービス代として請求額の15％が自動的に含まれているので、ウエーターに対してチップを支払う必要がないと思いきや、ウエーターはそれとは別にチップをもらうのが当然だと考えている。サービス代の15％はレストランのオーナーの懐に全部入り、ウエーターに直接支払われない。彼には固定給のみが支給されるのだ。だが、その額は最低賃金並みで少ないので、ウエーターはいきおいチップを求めるわけである。

しかし、この15％のサービス代がすでに勘定に入っていると思ってチップを残さない客が増えて、フランスのウエーターが困っているという。このように、国々の習慣や事情によってチップの性格が変わってくるので、私たちは海外旅行するときに大いに面食らう。

チップ額があまり少ないと、世間の大きな顰蹙《ひんしゅく》を買うことがある。アメリカでは、アメリカン・フットボール（通称、アメフト）は、最も人気が高いプロスポーツだ。ところが、その花形選手で年俸760万ドル（約8億円）の高額報酬をもらっている花形選手が、有名ハンバーガー・レストランで総額61・56ドル（約6800円）の勘定に対し、驚くなかれ、常識はずれの20セント（約22円）のチップしか払わなかったのだ。

その選手は、当時フィラデルフィア・イーグルスのランニング・バック（攻撃側のポジション）、レショーン・マッコイ（2019年現在、バッファロー・ビルズ）である。2014年9月、彼は友人3人を連れてレストランで会食したが、サービスは何ら悪くなく、むしろ彼の方の態度が粗暴だったという。

チップのあまりの少なさに、レストランはその勘定書きをフェースブックに掲載して公開したのだ。そこには、彼の直筆で20セントとサインが記してあった。高給取りにもかかわらず、そのドケチぶりは世人を唖然《あぜん》とさせた。だが、マッコイは「サービスが悪かったので、少ないのはその印だ」と、苦しい弁解をしていた。

また、アメリカのプロボクサー、フロイド・メイウェザーは、5階級を制覇した世界王者だ。階級を上げてからパワーは減退したものの、圧倒的なスピードと超人的な反応速度で、戦績は47戦47勝と、史上初めて全勝のまま5階級制覇を達成した。

彼が2014年9月13日、アルゼンチンのマルコス・マイダナを判定で破ったときのことである。試合後、ハードロック・ホテルで祝賀会が行われ、集まったファン150人に、鶏の手羽やシャンペン20本を振る舞って、勘定は計2万5千ドル（約2750万円）に上った。ところがメイウェザーは、チップを何ら払わなかったのだ。

彼は、マイダナとの試合で3200万ドル（約35200万円）を稼いでいるだけに世間の反感を買ったが、彼は「勘定書きに当然サービス代が入っていると思った」との逃げ口上を使った。

このようにアメリカでは、チップの多寡は従業員の生計に大きく影響する深刻な問題だけに、アメリカではチップを巡るトラブルは非常に多い。

しかし、逆に悪いサービスだったにもかかわらず、むしろチップを多く払って話題を呼んだ例もある。2014年9月、シュルツ夫妻が、アイオワ州シーダーラッピズ市で夕食を取りにレストランに行ったら、その店のサービスの悪さに驚いた。水を頼んだら20分も待たされ、さらに前菜に20分、メイン・コースに1時間もかかったのだ。そのサービスの悪さに、周りの客もみんなあきれ顔である。

しかし、それは無理もなかった。1人のウエーターが12のテーブルだけでなく、バーも掛け持ちで走り回っているほどの人手不足だったのだ。それを見かねた夫婦は、「私たちも同じような経験をした。先払いをしておくよ」との書き置きを残して、66・65ドル（約7300円）の請求に対して、100ドル（約1万1000円）のチップを足したのである。

というのも、2人はレストランで働いた経験があったため、ウエーターの苦労を慮ったのだろう。そして同店での他の客が、チップを少ししか出さないことを見越して、同情心から不足分を補った。この勘定書きが、フェースブックで一気に拡散すると、夫婦の善意に対して多くの人から称賛の声が集まったのである。

給仕人にとって問題だったのは、チップをもらっても、全額が懐に入らないことだ。なぜなら雇用者がその一部をピンハネするからであり、その総額は、2017年、年間58億ドル（約6400億円）の大きさに達したという。雇用者が最低賃金の1時間当たり7・

25ドル（約800円）を支払っている限り許されていたが、それに対して被雇用者から猛反対が起きていた。そして、2018年3月に、使用者のピンハネを禁止する画期的な法案が成立したのである。これによって、彼らにチップが丸々入ることになった。

日本のようにチップを払う習慣がないのは、世界的でも極めて珍しい。日本ではチップを支払うのは、相手に対してむしろ非礼とされているくらいだ。高級レストランやホテルからコンビニに至るまで、程度の差はあるにせよ、店員は無償で、どんな客に対しても一様に丁寧な扱いをしてくれる。一方、それを受ける消費者は、接客サービスに対する対価認識が低く、当然のように考えている。このように見返りを求めずに相手を敬い、丁寧に扱うのは日本人の美点として「おもてなし」といえようが、果たして、これに満足していいのだろうか。

日本人は果たして正直か

先の国際オリンピック委員会のIOC総会の最終プレゼンで、滝川クリステルが、「もし、皆様が東京で何かを失くしたならば、ほぼ確実にそれは戻ってきます。たとえ現金でも、実際に、昨年、現金3000万ドル以上が、落とし物として、東京の警察署に届けられました。世界を旅する7万5000人の旅行者を対象として行った最近の調査によると、東京は世界で最も安全な都市です」

と述べたが、これは本当だろうか。もちろん、治安がいいということは、訪問客を温かく迎えるというおもてなしの見地から重要である。だが、果たして「現金を落としても、必ず戻ってくる」のだろうか。

警視庁の資料によれば、東京都で警察に拾得物として届けられた現金は、平成24年（2012年）度で、29億8190万5640円だった。片や、盗まれた金額だけでなく、失くして届けられた遺失届の金額を加算すると、現金は総計84億1220万3326円である。つまり、東京都では、84億1220万3326円落として、29億8190万5640円は戻るので、返還率は約35・4%と少ない。従って、「ほぼ確実にそれは戻ってきます」とは言えないようだ。

私の知っている東京在住の外国人も、言うほど日本人は正直でないと断じる。彼は、現金10万円入りの財布を落として、すぐ交番に届け出たら、財布はすでに届けられていたが、現金だけが抜き取られてカードやIDは残っていた。それは、拾った人がIDやカードが英語なので、使ったら身元がばれて危ないと思ったからだろうと勘ぐった。

一方、東京在住のあるイギリス人は、東京は世界的に見て最も安全な都市だと賞賛する。

彼がスターバックスに行って驚いたのは、客が自分の席を離れる際に、それを確保するため財布をテーブルの上に置くことで、これは自国では信じられない光景だと言う。だが彼は、表向きに褒めているものの、本音は、この不用心さが盗難を誘発していると皮肉っていた。

しかし、日本人が一般的に正直であることに努めているのは事実だ。その証拠として、東京のタクシー会社の一部には、最近、わざわざ画像認識機能を使った「忘れ物防止システム」を全車両に備え付けていることだ。後部座席天井と足元、トランクに計4台もの赤外線カメラを設置しているほど、念が入っている。これならば、落とし物が落とし主に必ず戻ってきて、日本の道徳の評判が高まるはずだ。

私がかつて住んだ香港ならば、中身を全部抜かれた上に、財布ごと捨てられてしまうので、東京はIDやカードが戻ってくるだけでもましだろう。

アメリカでも物を落としたら、まず戻ってこないと思ってきっぱりあきらめた方がいい。というのは、アメリカには、

〝Finders keepers, losers weepers.（ファインダーズ・キーパーズ・ルーザーズ・ウィーパーズ〟

という諺があるからだ。すなわち、「Finders（拾った人）は、遺失物を〝keepers（所有

する人)〟となるのに対し、〝losers(落とした人)は、〝weepers(泣く人)〟になる」を意味する。

要は、「物を拾った人が得をして、落とした人は泣き寝入りをする」という意味である。従って、拾った人の不正直さを非難するよりも、落とした人の落ち度にされるのだ。この根拠は、遠くローマ法に遡ることができて、18世紀半ばに欧米で、それが慣習法として確立したといわれている。ただし、現在欧米では、これは法的に認められていないものの、未だに一般的に行われている慣行である。

ただ、自慢していいのは、東京にはスリが少ないことだろう。パリの地下鉄ではスリが多いと見えて、スリにご用心とのアナウンスが、日本語を含む数か国語でひっきりなしに流されている。私の日本人の友人には、財布や携帯を盗られたのが何人かいる。中には、取られてもいいからとあきらめて、大金は腹巻に隠し、財布には、わざと小銭だけを入れて用心しているが、それでも財布を盗まれたそうだ。こんな話を聞くと、東京人はまだしも幸せだと思う。

和食はおもてなし

和食は、2013年12月に、ユネスコ（国際連合教育科学文化機関）から、世界無形文化遺産に登録された。それをきっかけに、官民一致して、日本の食文化をグローバルに積極的に普及しようとしている。

この伝統的な食文化が認められた要素の一つが、日本人精神を体現した「おもてなし」であると思う。つまり、単に親切丁寧なサービスだけでなく、料理そのもののおいしさ、それに食器や盛り付けや飾り付けに至るまで細かく配慮して客をもてなすことだ。その典型は、後述の懐石料理に表れている。

和食は、日本で馴染み深い食材を使って、日本の風土の中で独自に発達した食文化をいう。お米や野菜、それに多くの場合に魚が料理の基本素材として使用されており、寿司と天ぷら、すき焼きなどは、外国でもよく知られている。

和食の概念は広く、人によってはカレーライスやとんカツなどの「洋食」、それにラーメンなど日本に定着している食事も和食の範疇に含めている。それに対して、洋食やラーメンを「和食」でなく「日本食」と規定する人もいる。だが私は、和食を狭義に考えて、日本伝来の手法を用いた料理に限定すべきだと思う。

なぜなら、和食の歴史を紐解いて内容を吟味すればするほど、よく分かるからだ。その結果、和食に付随する文化や伝統を知るにつれ、それが、果たしてグローバルに普及できるのか、疑問が湧くのである。

外国で和食として代表的に象徴されるのが、天ぷら、すき焼き、寿司（江戸前寿司）の3つだが、天ぷらは江戸庶民の料理だし、すき焼きも牛を使うようになったのは明治以降であり、寿司も江戸時代後期からなので、歴史は比較的浅く、真の和食といえるのは、京料理ではないかと思う。

その理由は、その源を辿《たど》ると分かりやすい。京都は首都として千年近い歴史を有し、それを背景に、日本料理文化の中心地として様々な料理手法を取り入れて発展させてきたからである。

それは、遠く平安時代の大饗《だいきょう》料理（有識《ゆうそく》料理とも）に始まり、その後、普及した精進料理と懐石料理などの京料理である。貴族が愛した大饗料理や、仏教と関係が深い精進料理、それに茶道に発する懐石料理などと、いずれも京都の文化と伝統に深く根ざしている。その実例として、京都には仏教のバチカンといわれるほど多くの寺院の総本山や大本山があり、茶道の三大家元、三千家《さんせんけ》（表千家、裏千家、武者小路千家）もある。

どの料理も、「おもてなし」の精神が重視されており、中でもその典型は懐石料理であろう。そもそも懐石料理は、茶事の際、会の主催者である亭主が客人をもてなす料理を指している。茶事の席上で空腹のままで刺激の強い茶を飲むことを避けさせ、おいしく味わうために配慮したものだ。懐石料理は、その味や量を考慮した一汁三菜《いちじゅうさんさい》（一つの汁物と三つの菜からなる膳立て）で代表されるように、優しい心遣いと思いやり、つまり「おもてなし」の精神から生まれたのである。

京料理の全般的な特徴は、淡い出汁《だし》の力を借りて素材のうま味を引き出し、近郊に豊富にある新鮮な食材を活かし、四季の変化に応じて味付けを微妙に変えることにある。味覚の神髄は、一般的に甘味、酸味、塩味、苦味、うま味の五味と地元の食材を活かすことにあるという。これこそが、その全てを集約した京料理そのものである。

京都でこのような優れた伝統を長らく維持できたのは、同地独特の保守性と排他性にあるようだ。筆者は京都で長らく過ごしたが、そこで感じたのは、よその土地から来た者を「よそもん」と差別する風潮があることだ。一説によれば、三代続けて京都に住まなければ、京都人として認められないという。

だが、そのような排他性があるからこそ、京都料理界が、東京一極集中の波に飲み込まれずに独自性を保ち、日本料理の良さと伝統を代々受け継いで守り続けられたのだと思う。

京料理はスロー・フード

現在、スロー・フード運動が、世界的に流行っている。もともとこれは、1986年にイタリアのカルロ・ペトリーニによって提唱された国際的な社会運動である。この活動は、現在150か国以上に及び、10万人超の会員を誇るまでに発展している。

現代社会のグローバリズムの流れの中で、マクドナルドやケンタッキー・フライドチキンに象徴されるファスト・フードのように、食文化は均一化の方向に向かっている。ファスト・フードに伴う危険性は、その食品の原料を、板前のように眼の届くところでなく、大量生産された企業から、直接でなく他人任せで仕入れていることだ。しかも、その加工食品のチェックは、輸入商社や外部機関に委ねているため、生産工程の検査が十分に行き届いておらず、深刻な食品衛生上の問題を度々惹起している。

それが典型的に見られたのは、2014年7月24日、日本マクドナルドやファミリーマートで発覚した中国の食品会社「上海福喜食品」が、期限切れの鶏肉を用いた「チキンナゲット」である。同社が使った手口は、使用期限切れの冷凍品を再加工したり、工場で出た不良品や中国内の出荷先からの返品を再利用したものを5%も混入した偽装工作だった。

その結果、日本マクドナルドは、上海福喜食品との取引を停止しただけでなく、中国製の鶏肉全般に消費者の不安が高まったため、同月25日に、中国で加工された鶏肉の使用を一時中止し、同社の損失は数十億円規模に上った。

上海福喜食品の事件は会社ぐるみの組織的不正とみなされ、上海公安局は、同社工場長や責任者など5人の身柄を拘束した。このような企業による不正行為は内部告発がない限り防止することは難しいが、この事件の発端となったのは、不正を指摘して解雇された従業員の内部告発だった。

もちろん、中国行政当局が監督や指導を見直す必要もあろうが、消費者に対して直接責任を負うのは商品を提供する民間企業だから、その取り組みに改善の余地が大いにありそうだ。

日本マクドナルドは、従来の年1回の検査に加え、同社の担当者が月1回現地工場を訪れて生産体制を確認し、日本で商品を受け取る際にも検品するなど、検査体制を強化すると言明している。だが、大量生産されるファスト・フードでは、人手による十分な監督や指導に限度があるので、このような問題が起こることは、今後も避けられないだろう。

スロー・フード運動は、このような安易な均一化に反対する考え方であり、その土地の伝統的な食文化を見直す活動であるだけでなく、その地域で作られた産物をその地域で消費する、いわゆる「地産地消《ちさんちしょう》」の考えである。これはまさしく、すでに約千年前に、京都で始まった京都料理の本質に他ならないのだ。

それを裏付けるかのような出来事がフランスで起きた。同国は、ポール・ボキューズやアラン・デュカスなどの世界的シェフを輩出したフランス料理の本場である。ところがフランスのレストランで、「出来合い」の食材を利用することがあまりにも多くなったので、一般からの苦情が増加したのだ。同国のホテル・レストラン連合組合（ＵＭＩＨ）の調査によれば、レストランの約85％までが冷凍や真空パック食品を密かに利用しているという。それは日本で、かつて社会問題化した〝ロブスターを伊勢エビ〟と偽表示するような食材偽装問題ではなく、手間をかけて丹念に料理するフランス料理の優れた特徴を守らなかったから物議をかもしたのだ。

そこでフランス政府は、フランス料理の優れた伝統である「お手製」を守り保護するために、２０１４年７月から、それをメニューや店頭に掲示することを義務付けた。その一環として、「お手製」であることを、カセロール（スチュー鍋）と屋根をデザインした独自のロゴで表示させた。

フランスを訪れる観光客が落とすお金のうち、約20％（２０１３年、フランス政府経済省）がフランス料理に使われたものだという。それだけに、これまでの手間をかけない

「インチキ」まがいのフランス料理を締め出すことによって、フランス料理の世界的名声を維持し、高めようとしたのだ。

だが、よくよく考えてみると、フランスで問題視されたこの「お手製」料理の神髄こそが、すでに京料理の伝統と文化の中に長年引き継がれて脈々と流れているのである。

おもてなしの神髄は京料理

京料理を細かく吟味すると、外国人には容易に真似できない、つまり、グローバルに均一化できない次の四つの要素を含んでいる。

一つ目に、料理の属人性が極めて高いことだ。すなわち、料理人について回る才能や特技は、他人に真似されたり、再現できない個性的で優れた素質を意味する。しかもその料理人は、料理によって、包丁や鍋などの調理器具までも変えるほどの細やかさだ。

その例として、食材を包丁で切ること自体が、煮炊きから独立した調理の一過程として重視されている。その典型が懐石料理の「飾り包丁」であり、食材に繊細な切り込みを入れ、彫刻のように美しく仕上げる技だ。食べるだけでなく、見て楽しむという魅力を加えている。

包丁の使い方も、伝統的な流儀にされているほどだ。その好例は生間《いかま》流式包丁であり、烏帽子《えぼし》、袴《はかま》、狩衣《かりぎぬ》姿で、まな板の上の魚や鳥を、手を直接触れずに、包丁刀で「めでたい形」に切り分ける技である。

この高い属人性を示すかのように、懐石料理の代表的老舗のうち、瓢亭《ひょうてい》や平八《へいはち》茶屋、萬《まん》亀樓《かめろう》は、代々京都にとどまり、多店舗展開をしていない。瓢亭は約400年、平八茶屋が約450年の長い歴史を誇っており、萬亀樓は延々と約300年も、公家風の料理である有職料理《ゆうそくりょうり》の伝統をかたくなに継承している。これらの一徹な職人気質は、実に見上げたものである。

中には、著名な板前割烹《かっぽう》「浜作」の三代目主人のように、店を受け継いだとき、客の前で板前として自ら料理ができないことを理由に、国内外にあった多くの店を、20年かけて閉鎖したところさえある。

一方、フランスの著名な三ツ星シェフで今は亡きポール・ボキューズは、フランス国内に7か所、日本ではかつて8か所もレストランを経営していた。とても一人で全店を切り回せるはずはない。事実、彼は、各店舗に対してメニューの明細をインターネットで送って指示するので、「ファスト・フード」をもじって、「インターネット・フード」と皮肉られた。彼の没後、果たしてその名声を維持できるだろうか。本人自ら料理し提供する料理こそが、その人の真の料理だと思う。

また世界的に有名で、日本で「フレンチの神様」や「フレンチの皇帝」と称されるシェフ、ジョエル・ロブションは、2017年当時、東京、香港、マカオ、シンガポールなど、世界各国の14か所にレストランを運営していた。しかし、このように本人の手元を離れて経営してなお一流の味覚が保てられるのか、大いに疑問に感じる。

さらに、2014年11月、アサヒビールが老舗料亭「なだ万」を買収したことが報じられた。「なだ万」は、創業来180年超を誇る老舗である。すでに国内で27店、海外でも7店を展開している。それだけ多くの店舗で伝統の美味をどのようにして維持できるのか、とても不思議だ。ましてや、大企業の傘下に入れば、和食に不可欠な個人的な職人技が、大企業特有の官僚主義や、多店舗展開による採算優先志向に押しつぶされる危険性が極めて高い。果たして伝統の味が維持できるのか、危惧の念を抱かざるを得ないのである。

なお、萬亀樓のモットーは、「堅実・賢明・謙虚」であり、これはまさに京料理の精髄を集約的に表現している。

二つ目は、和食は新鮮な素材の良さをシンプルに活かすことである。素材に手をあまり加えずに、選ばれた素材本来の風味と良さを引き立たせる素朴な調理法が特徴だ。その点、京都には同地ならではの多くの食材が近隣に豊富にある。例えば、伝統京野菜として、水菜、壬生《みぶ》菜、京みょうが、えび芋、九条ネギ、金時《きんとき》人参（京人参）、賀茂茄子、青身《あおみ》大根、聖護院《しょうごいん》大根、堀川牛蒡《ごぼう》、京筍《たけのこ》などとバラエティーに富んでいて、どれもがおいしい。また京都府下篠山からは、特産物の丹波栗や松茸が味わえる。

さらに、季節感が京料理の重要な要素になっている。すなわち、最も食べ頃の「旬」と、その前に季節を先取りする「走り」があり、さらに翌年まで食べられなくなる直前の「名《な》残《ごり》」、このように三度の季節感が賞味できる。現在の季節感だけでなく、他国に見られない季節の「移ろい」を感じさせるデリケートさがある。

三つ目が、和食を支える調味料、いわゆる「さしすせそ」の「砂糖、塩、酢、醤油、味噌」に加えて、とりわけ「だし」の「酒、みりん、鰹節、昆布」がある。京都の味噌には特産の白味噌や、醤油では石野醤油と鎌田醤油などの老舗が有名で、酒も著名な酒処、伏見がある。

鰹節は、加工工程の差異によって、鰹を茹で干したのみの生利節《なまりぶし》、それを燻製にした荒《あら》節《ぶし》、荒節にカビを付けて熟成させる工程を繰り返すことなどが行われ、本節・枯節《かれぶし》・本枯《ほんかれ》節《ぶし》・仕上げ節などと多種にわたっている。これらが巧みに使い分けられて、絶妙な「うま味」や「こく」が創り出されるのだ。

また、昆布も、かつて北前船で北海道から持ち込まれた真昆布、羅臼《らうす》昆布、利尻《りしり》昆布、日高昆布、長昆布などと種類が多く、用途によって使い分けられている。これだけ多くの調味料を揃えながら、互いに微妙に配合し調和させる熟練した職人が日本でも少ないことから、外国人が習得するのは不可能に近い。

四つ目は、陶磁器や漆器の種類を料理に合わせて出し、器と料理の調和を考えている。その盛り付け方も、見た目の良さ、例えば丸型のお皿にはなるべく四角の食材を入れ、あるいは平らに盛らずに高くして高低をつける。また、色の調和や季節の趣向を凝らして細かい気配りをする。ご飯やおかずの配置の仕方も、懐石料理の流れを汲む松花堂《しょうかどう》弁当に見られるように、調和が取れていてとても美しい。

松花堂弁当とは、中に十字形の仕切りがある弁当のことである。盛り分け様式は、ご飯と数種類のおかずが見栄《みば》え良く配置され、十字形の仕切りがあることで、見た目が美しいだけでなく、互いに味や匂いが移らないように気配りされている。さらに飾り付けも、春は梅や桜のつぼみ、秋には紅葉や葉椿などと、季節の花や枝葉を添える奥ゆかしさである。

このような理由から、すき焼きや天ぷら、寿司などを和食として外国に広く普及されても、残念ながら、その神髄ともいえる京料理を外国で再現させることは至難の業《わざ》と言わざるを得ない。それはあたかも、和服がグローバルに、スタンダードの衣服になれないようなものだ。京料理こそが、「おもてなし」の精神を真に集約するものであり、この日本の優れた伝統と文化を大切に保存し、誇りにしなければならない。

第6章◉容貌をもてはやす

容姿にこだわる

日本に度々やってくるイギリス人評論家が、不思議がって言った。

「なぜ、日本人はテレビや広告で、日本的美女が多くいるにもかかわらず、それを選ばずに外国人容貌のタレントを使うのだろうか。そこでもてはやされているのは、鼻が高くて二重まぶたの女性だ」

彼にとって、西洋風美人は自国にざらにいるので、何ら珍しくないのだ。むしろ、日本人が不美人を指す「おかめ」という女性の方が綺麗に見えるようである。「おかめ」とは、古くから存在する日本の面の一つで、丸顔で鼻が低く、額は広く、頬が丸く張り出した特徴を持っている。

確かに驚くのは、日本では鼻が高くて目がぱっちりとして大きく、西洋的風貌の女性が持てはやされる。このようなステレオタイプは、特にメディアが作り上げているのではないかと思う。事実、テレビ番組を観ても、「ハーフタレント」と呼ばれる、主に外国人の父親と日本人母親を持つ芸能人が実に多く登場する。名前を見ても、姓は日本人だが、名がエリー、エイミー、クリステル、クリスティーン、アンナ、シェリー、ベッキーなどと、西洋風が圧倒的である。

ハーフタレントは昼間のワイドショーやバラエティー・ショーで多く起用されている。驚くのは、中には、当時まだ学生身分でありながら、ろくろく世間の経験を積んでいないにもかかわらず、政治や社会問題について幼稚な意見を吐かせていることだ。しかも、彼女は政治家の「追っかけ」が得意だというが、学業の方は、一体どうなっていたのだろうか。ハーフでない知的な日本人タレントが大勢いるにもかかわらず、なぜ、そこまで女性の外面的ルックスにこだわるのか、大いに疑問を感じる。

さすがにルックスだけのハーフタレントは、細切れコマーシャルの一画などに出て顔だけを見せても、映画やテレビ・ドラマの役者として活躍する場面を見かけることは少ない。中には、肝心の日本語の話し方が、おぼつかない人もおり、その上、動的な演技や表情ができないためだろうか、多くは顔だけが見世物になっている。

努力が報われた美しさ

それにしても、なぜ、私たちは容貌の美しさにこだわるのだろうか。たゆまぬ努力を続けてその内面から溢れ出す美しさを見せつけてくれたのは、２０１８年２月18日　平昌《ピョンチャン》オリンピックのスピード・スケート女子500メートルで金メダルを獲得した小平奈緒ではないだろうか。日本女子では初めてとなる金メダルを得ただけでなく、オリンピック新記録となる36・94秒を出す偉業を成し遂げたのである。

この栄冠を勝ち取るまでに、苦難の道を辿っている。その苦しみを乗り越えてきただけに、勝利達成後に実感を込めて述べた言葉が非常に印象深い。

「全てが報いられたと思った」

その言葉を裏付けるかのように、この頂点に達するまでには筆舌に尽くしがたい苦労を味わっている。そこで忘れてはならないのは、オランダに武者修行に赴いたことだ。この原点となったのは、2014年のソチオリンピックである。小平は、日本のエースとして「金メダル」を口にして臨んだが、500メートルは5位、1000メートルが13位と、惨憺《さんたん》たる結果に終わった。

そのとき、彼女の勝利を阻止したのは、オランダ勢である。オランダ人選手は、スピード・スケート競技で8個の金メダルを含む、実に全体の7割のメダルをさらった。そこでスケート王国オランダを見習うべきだと決心し、ソチの2か月後、単身で武者修行のためオランダに渡ったのである。

しかし、滞在先での生活は決して楽ではなく、茨の道だった。ホームステイ先は旧牛舎の屋根裏部屋であり、コメを買うにも車で片道一時間をかけなければならなかった。トレーナーもおらず、冬の厳しい寒さは、湯を張ったバケツに脚を入れてしのいだという。

言語も大きな障害となった。オランダ人の思考を深く知りたいと考え、感嘆すべきは英語でなくオランダ語を勉強したことだ。3回聞いた同じ言葉をノートに書き留めて、5冊に及ぶほどの涙ぐましい努力を重ねた。

ただ、恵まれたのは、長野とトリノオリンピックで、計3つの金メダルを取ったマリアンヌ・ティメルに指導と薫陶を受けたことだ。彼女は、小平の欠点である腰高になる癖を指摘して、フォームを「怒った猫（BOZE KAT）」のように、肩を上げることを教えた。さらにティメルは、王者になるには、「周囲に振り回されずに、自分自身が納得する滑りを追求しろ」と諭した。この2年間にわたるオランダでの貴重な体験が、小平を大きく変身させ、悲願だった栄光を手にしたのである。

また、同じスピード・スケート選手の高木美帆は、2018年2月12日平昌オリンピックのスピード・スケート女子1500メートルで、日本女子選手個人として初となる銀メダルを獲得した。2位の入賞が決まったとき、彼女はうれし涙がこぼれたが、それは心からの喜びだけに彼女の顔はとても美しかった。さらに同月14日に行われたスピード・スケート女子1000メートルでも銅メダルを獲得し、レース後、連戦にもかかわらず、

「自分の体がよくここまで戦ってくれたので、1500メートル以上に、自分を褒めてあげたい」

と語った。

それもそのはずである。ここまで到着するのに、言葉には表現できないほどの努力と苦しみを味わっているからだ。すなわち、14歳のときに2010年2月のバンクーバー五輪の1000メートルに出場したが、最下位の35位に終わった。さらに屈辱を味わったのは、4年前、2013年12月のソチオリンピックの代表落ちを経験したことだ。

その苦難をばねに強度の自転車トレーニングなどに取り組んで、2015年には、20%を超えた体脂肪を10%半ばに減らす涙ぐましい努力を続けた。横長の体形が縦に変わるほどに変わった結果、全体重を片足で受け止める土台ができて、「氷の中まで力が届く感覚が芽生えた」という。逆境にめげずに不断の努力を重ねて実を結ぶことができたのである。

彼女の成果は、これに止まらず、2月21日に行われたスピード・スケート女子団体追い抜き（パシュート）で、オランダを下し、オリンピック新記録の2分53秒89で金メダルを獲得したのだ。しかも、これで金銀銅の3種類のメダルを取ったにもかかわらず、そのおごりはなく、チームで勝ちたい気持ちだけだったと謙虚に語っていた。

高木美帆の他、ともに走った3人、姉の高木菜那、佐藤綾乃、菊池彩花の勝利後インタビューを受けたときの化粧をしないスッピンの顔は、内面から溢れ出た美しさで輝いていた。

その上、驚嘆すべきは、姉の菜那が、その3日後の2月24日に行われた、大勢で滑る新種目の女子マススタートで金メダルを獲得したことだ。パシュートに続く2つ目の金メダルであり、オリンピックで日本の女子選手が同一大会で金2個を獲得するのは、夏季を含めて史上初の快挙となった。両手を突き上げた高木菜那は、「やった〜」と叫び、「本当に、金メダルが取れて嬉しい」と、満面の笑顔で、内面の美しさも見せた。しかも身長155センチという小柄で成し遂げた快挙であり、女性がモデルのような外形だけで評価されないことを実証したのである。

美しさは皮一重

外見だけの美しさを適切に表現した英語の格言に、〝Beauty is only skin deep.（美しさも皮一重《ひとえ》）〟というのがある。原意は、「美貌も皮一重」を意味するが、「見かけだけで惑わされてはいけない、その内面の性格や気性に、もっと注目すべきだ」と忠告し、「人の真価は、外面の肉体美でなく、内面の美しさと豊かさで判断すべきだ」とする。たとえ外貌は悪くても心が綺麗で内面が充実した人がいるので、外見に惑わされてはならないと諭す。

このことを、16世紀のフランスの思想家、モンテーニュは、「美しい女には、やがて飽きがくる。善良な女は永久に飽きがこない」と喝破《かっぱ》している。確かに外面的な美しさは、いずれ飽きられるが、内面的な美しさには飽きがこないのだ。

また、シェークスピアが「女性を傲慢にするものは、その美貌だ」と名言を吐いたように、女性は美貌にこだわると、うぬぼれやすくなって、かえって行いが醜くなることを見抜いている。

女性は、化粧や整形で外貌を美しくすることに拘泥《こうでい》するのではなく、読書や学習で知性を磨くことを忘れてはならないと思う。人の美しさは、内面の知性や心情がもたらし、それには興味が尽きないからである。

2013年7月に行われたウィンブルドン選手権女子シングル決勝戦で、フランスのマリオン・バルトリが優勝したときのことだ。英国BBCラジオ番組の司会者、ジョン・インバーデールが聴取者に対し、

「バルトリのパパは、彼女が小さい頃、『お前は美人にはなれない。マリア・シャラポア選手のようになれないんだから、根性を持って戦え』って教えたのかな？」

と問いかけた。

これが、彼女の容姿に対する侮辱的発言として非難が殺到したため、その後、彼はバルトリに失言したことを謝罪した。外見だけがその人の実力にならないことを、この事件がよく示している。

「美貌も皮一重」の典型が、美人コンテストではないかと思う。このようなコンテストは、女性の外見に序列を与えて、彼女たちを単なる物体にまで格下げし、商品化している。それは、しばしば男性の観点から女性を選別する品評会にさえなっている。

中でも「全日本国民的美少女コンテスト」に至っては、12歳の少女に、容貌とちょっとした演技、あるいは歌唱力だけで判断し、内面の知的水準や学力などを試すことなく、優勝させている。歴代のグランプリを取得した少女を見ても、その後、女優として、あるいは一流タレントとして大成した例を見ないのだ。

アメリカにも、それに相当する〝Miss Teen USA（ミス10代USA）〟というのがあり、参加できる資格は14〜19歳まで（日本は満12〜20歳）である。日本と違うのは、イブニング・ガウンだけでなく、水着も着させて競わせることだ。知的水準については、おざなりの質問を2〜3発するだけですます。最初の頃はテレビで全国放送されたものの、今ではフェースブックに限られている。

このような催しは、幼い彼女たちに、美しく見せてコンテストに勝つことだけが人生の全てであるかのような錯覚を与えやすい。だが親たちは、世の中には外面的な美しさよりも、立派な教育を受けて正業に就くなど、人間を高く評価する事柄がもっと多く存在することを、幼少期から教え込む必要があると思う。

なお、興味深いことに、イタリアの国営放送局が、26年間続けてきた「ミス・イタリア」コンテストを2013年から中止したことだ。その理由は、女性を外見だけで評価することへの批判が高まったからである。当時のイタリア女性下院議長、ラウラ・ブルドリニは、いみじくも「若い女性は、番号を付けられて舞台を歩くことの他に、多くでできることがあるはずだ」と述べている。

見かけの美しさの最たる例は、「アイドル」ではないかと思う。アイドルの原意は「偶像」だが、これはむしろ、メディア、中でもテレビが作り出した「偶像」でなく「虚像」であろう。そのアイドルの見かけだけの美しい顔をクローズアップさせて、清純や清楚といったイメージを植え付けている。

最近では少女たちをグループ化して、「個」を「群」に埋没させ、うまく視聴者の関心を散らしている。そのグループも、やれ誰が選抜総選挙の「センター争い」で勝ったか、誰が「キャプテン」に指名されたか、あるいは後列から2列目に入ったとか、その順位で一喜一憂しながら騒ぐのだ。

そのグループに属する個人がメディアで取り上げられるのは、タレント性よりも、未成年でありながら高級バーに通い詰めているとか、路上キッスをした、あるいは恋人の家に泊まったといったスキャンダルである。

挙句の果ては、グループから退団しても、実際は「退職」や「解雇」されているにもかかわらず、「卒業」したとの美名でさらに虚飾を重ねる。グループを去った女性たちのオーラは日を追うごとに目減りしている。顔や姿の美しさだけでは、長持ちしないのである。しかも、アイドル・グループを退団した売れっ子は、女優を目指すことが多いという。だが、たとえ端役にありついても大成することは難しいようだ。というのも、一流の女優になるには、基本的な演技力を研鑽しなければならないからである。その証拠に、アメリカの一流女優のほとんどは、演劇学校に一定期間通って、初めて演技力を習得している。そのような重要な基礎力を身につけなければ、ひとかどの俳優にはなれないのである。

例えば、アカデミー賞主演女優賞を2回も受賞した名優メリル・ストリープは、ウエートレスやタイプ業務のアルバイトで苦学をしながら、イェール大学演劇大学院で演劇を数年間学んだ。その間、過労のあまり胃潰瘍を患ったこともあったという。グループで名を挙げたくらいでは、とても並み以上の俳優にはなれないのだ。

グループのアイドルたちは、でっち上げられた、まさに「虚像」であり、しかもスポンサーは、それを利用して見も知らない相手との接触商法である「握手会」や「ツーショットチェキ（男女2人のインスタントカメラ撮り）」などを催して、彼女たちを商品化し、金稼ぎに腐心する。

利用された彼女たちは心身ともに削られて疲弊し、次々と名もなくグループを去っていく。まさにアイドルの「使い捨て」ビジネスなのだ。事実、芸能プロの中には、これを明確にビジネスとして公言し、アイドル・グループを積極的に展開し、加速させているところさえある。

見かけだけの美しさ

それにしても、表面の肌を美しくする広告が連日のごとくマスコミに登場するのには驚かされる。例えば、そのキャッチ・コピーは、「その肌は、生き方さえ変えるかもしれない」と巧みに女心をくすぐっている。そこで、ハリやツヤの不足に対し、潤いを与える自社製品を「美しさに真心を込めて」と強く勧める。

あるいは「凛《りん》とした艶めく肌へ」や「しっとり、すべすべ」とうまく誘うのだ。また、テレビの美肌を勧める広告でも、中年の女性モデルが、顔の肌をなでたり、さすったり、触ったり、つねったりして勧誘するシーンをよく見かける。その化粧品会社の宣伝文句も、中高年美女の写真を横に並べて、「乾きやすい肌に、続くうるおい」や、「しぼんでいた肌に、弾むハリ」、さらに「くすみがちな肌に、輝くツヤ」などと、巧妙に引きつける。

中でも傑作なのは、「年齢肌にこれ1本！」と謳い、続けて「ハリ、ツヤ、潤い。若々しい印象へ」と極言する広告さえある。ところが、いずれの広告も独自の効果を謳いながら、効果の持続性がどれだけかを説明していないので、一日限りではないか、と疑うのである。

このような化粧品や保湿用クリームは、化粧品会社だけでなく製薬会社や消費材メーカーまでが、わが社の商品が一番とばかりに入れ乱れて競い合っている。日本における化粧品の年間売上高（2016年）は、1兆5237億円（日本化粧品工業連合会）だが、ポータルサイト、スタティスタ社によれば、アメリカは、同年620億4600万ドル（約6兆8300億円）に達する大きさであり、東京都の一般会計額（2016年度）にほぼ匹敵するほどの多さだ。

その見かけの美しさの典型は、美白ではないかと思う、美白とは、主に顔の肌について用いられ、色素沈着が少なくて、光の反射量が多く明るい美しい肌のことを指す。日本では、肌が白く、くすみやシミがない状態を好む価値観は、古くから存在しており、「色の白いは七難隠す（色白の女性は、顔かたちに多少の欠点があっても、それを補って美しく見える）」という諺もあるくらいだ。「ウグイスのフン」が、色白になる洗顔料として利用されていたこともあったという。事実、美白化粧品の中には、「美白の黄金ジェル」と謳う商品さえある。

ところで、美白が度を過ぎると、重大問題を引き起こすことがある。２０１３年７月、カネボウ化粧品が製造販売した美白化粧品を使用した結果、まだらに白くなる白斑様《はくはんよう》症状の被害が多く発生した。カネボウは、同年７月19日までに、２２５０人が重い症状を訴えていると発表し、製品の広範な自主回収を行った。

カネボウ化粧品は、当初は１年程度で症状が回復すると見込んでいたのだが、対象商品の自主回収に動き出してから１年後、被害者約１万９千人のうち、ほぼ完治した７千人余りを除く約１万２千人に、未だに症状が残っていたのだ。

親会社花王の指導下で抜本的な組織改革を行うなど信頼回復を急いだものの、長びく白斑問題は経営に大きな影を落とした。カネボウは２０１４年11月28日、化粧品の白斑症状の問題に関し、症状の消えない被害者に払う補償金の概要を発表し、白斑症状の回復が見られない被害者に対し、最大で１人９００万円程度の補償を行うと発表した。

問題発覚以降も強いブランド力を持つカネボウだが、白斑問題によって業績に大きなダメージが出ており、２０１３年12月期の売上高は、前期よりも、約１００億円減の約１８００億円に落ち込んだ。

中国でも白い肌の女性は古典的な美とされてきたという。そのわけは、裕福な家庭で育った女性は、室内に閉じ込めて外で労働をさせなかったからであり、黒い肌は下層階級の印とされた。特にバラ色の白肌は、幸運の象徴として、もてはやされてきた。

現に、中国で大きな話題を呼んだのは、青島の海水浴場で中年の女性が、「フェイス・キニ」と呼ばれる日焼け防止のフードをかぶり出したことだ。「フェイス・キニ」とは、「フェイス＝顔面」と「ビキニ水着」の造語で、目と口だけが開いたスキー・マスクを意味し、その格好が、ツイッターで「あたかも銀行強盗が海水浴場を襲っているかのようだ」と形容されたくらいだった。

日焼け止め程度ではなく、むしろ肌の色を白くすることを積極的に求める人たちがいる。それはアメリカの黒人である。彼らは肌の色が黒いため引け目を感じており、そこで縮れ毛を伸ばし、肌を白くしていた。それに対して、１９６０年代に黒人が反対して、むしろ黒肌を誇りにすべきだとし、〝black is beautiful（黒色は綺麗だ）〟というスローガンのもとに広範な運動が起きた。

この考えが行き渡るかのように思われたが、それでも黒人女性には、依然として白肌にあこがれる人が非常に多い。特に有名な黒人女優や歌手、例えばハル・ベリーやビヨンセのように、顔色が白い女性がマスコミで持てはやされるからだとされている。そのため、顔の色を白くする漂白用クリームがよく売れる。

そのクリームは、黒い肌のメラニン色素を軽減するヒドロキノンなどを主に配合している。これが皮膚がんを惹起する危険性があるとされながらも、構わずに白く見せて美しくなりたいのである。このように女性間で美白は世界的な好みになっているものの、それは所詮、うわべだけの美しさに過ぎないのだ。

ところが意外なことに、それとは逆に、肌色を黒くすることに重きを置いている女性たちがいる。というのは、欧米では、日焼けは金持ちのシンボルとされているからだ。私が経験したのは、イタリアの友人をミラノで訪問したときのことである。彼の妻が、バカンス帰りの日焼けぶりを誇らしげに見せていた。彼女は、長期のバカンスでヨットに乗ったり、ビーチで優雅に過ごし、日焼けするぐらいの生活上の裕福さを誇示していたのだ。

このような欧米女性たちの日焼けの流行は、1920年代に、著名なファッション・デザイナー、ココ・シャネルが始めたとされている。彼女がたまたま、フランス南部の風光明媚な保養地として有名なコート・ダジュールを訪れて、パリに戻ったら、日焼けしていた。その彼女を見て、取り巻きのファンがそれを真似し始めたという。それ以来、日焼けした皮膚が流行し、有産階級ライフ・スタイルのシンボルとなったのである。

日焼けが金持ちのシンボルとなっているので、欧米では、日焼けを人工的に作る「日焼けサロン」が多くできており、お金を払ってでも日焼けの効果を求めるようになってきた。そこには、肌を人工的に紫外線に当てて黒い日焼けを施す日焼けマシーンが設置されている。そのマシーンは多種多様で、顔面専用や半身用、それに縦型、ベッド型などに大別される。２０１７年現在、アメリカには、約１万４０００店のサロンがあり、そのビジネス規模は、年間売り上げ約22億ドル（約２４００億円）の多さに達する。ちなみに、日本は約４００店に過ぎない。

流行るボトックス

アメリカ人女性は、日本人に比べて加齢とともにしわが多く出やすいので、よく使われるのが「ボトックス」である。もともとこれは、医療用医薬品として斜視や眼瞼痙攣《がんけんけいれん》、多汗症の治療薬として使われていたが、近年、美容外科領域において、その筋弛緩作用を応用して「烏《からす》の足跡（crow's feet）」と呼ばれる「目じりの小じわ」や「しわ取り」、それに「輪郭補正（エラ取り）」などの目的に適用されている。

これを製造販売しているのはアメリカのアラガン社である。同社は２０１４年11月、米医薬品メーカー、アクタビスによって、約６６０億ドル（約7兆６９００億円）で買収されている。

もともとボトックスの成分は毒性の強い物質（ボツリヌス毒素）だが、それが医療用としてだけでなく、１９９０年にしわ取りに効果があることが判明してから爆発的に普及した。美容外科領域において最も利用される薬剤になるや、その売り上げは、２０１８年までに年間29億ドル（約３０００億円）に達すると予想されている。

米国形成外科協会によれば、２０００年にこれを使用した人は約80万人に上るというほどの人気を呼んでおり、その約９割までが35歳～50歳の女性である。ボトックスを局部に注射した場合のアメリカでの１回当たりの治療代は、３００～１０００ドル（平均３６６ドル＝約３万８０００円）が相場だという。

ただ、その効果は、せいぜい4か月しかもたないと言われている。アメリカでは、医療ミスで高額の損害賠償を要求される事例が多いので、医師にとって頭痛の種だが、彼らのジョークで、

「ボトックス治療による訴訟を恐れる心配は何らない。なぜなら、弁護士に相談するまでに、その効果が見られなくなるからだ」

といわれている。

アメリカの女優や有名人、例えば、マドンナやデミ・ムーア、リンジー・ローハンが、これを使っていることがうかがえる。以前と見違えるばかりの若さである。ボトックスは充塡剤なので、これを使用すると顔が腫れぼったくなるので、治療前の顔を覚えていれば、使ったかどうかがよく分かる。

しかし、ボトックスの弊害について、イギリスの医療関係者から、喜怒哀楽の表現ができにくくなることが指摘されている。ボトックス治療を受けると、どうしても顔の表情が硬くなり、生気のない無表情の顔になるという。

ところで、顔面の表情は、多岐にわたる感情を伝える重要な役割を有している。例えば、楽しければ微笑み、微笑めば自分が楽しくなる。また共感を呼んだり、同情したりすることによって、コミュニケートが効果的にできるのを、ボトックス治療によって犠牲にしている。

イギリスでは最近、25歳以下の女性がボトックス治療を受けるケースが増えているそうだ。このような成長途上にある若者がボトックスで治療をすると、顔面の表情発達が阻害されて、自分の感情を相手に正確に伝達できにくくなる。しかも、ボトックスによって一時的な効果は得られるものの、注射によって顔面の筋肉は完全に元通りに回復しない弊害が生じるといわれている。

注目すべきは、このように外貌にこだわることに、女性から反発が出始めていることだ。2018年3月、著名なシンガーソングライターのクリスティーナ・アギレラは、「女性は原点に戻って本来の自分が何であるかを考え、着飾らぬ美しさを求めるべきだ」と主張し、これを言行一致させた。すなわち、今までの派手なメーキャップをかなぐり捨てて、何ら化粧をしないスッピンで、『ペーパー』誌(2018年3月26日号)の表紙を飾ったのである。その顔には、そばかすまでが、修正されずにそのまま写されていた。

これにアギレラは、付け足した。

「女性は新たな障壁を打ち破ることを恐れてはならない。その間、起こる批判に対しても恐れてはならない」

この彼女の取った勇敢な行動は、アメリカの女性に大きな波紋を投じたのである。

美容整形は必要か

ところで、仕事の必要上、人によっては、外貌を美しくさせる美容整形もやむを得ない場合がある。特に外見がモノをいう芸能界やテレビ業界で、よく見られる。その例は、二重まぶたや豊胸手術、隆鼻術（アメリカでは逆に鼻を低くする鼻骨削り術）などである。だがアメリカで、それが大きな話題を呼んだのは、人種偏見問題と結び付けられたからである。

事の起こりは、アメリカ・テレビ局ＣＢＳの人気番組、〝ザ・トーク〟のアンカーを務める中国系アメリカ人のジュリー・チェンが、この番組の中で、出世するために形成外科手術を施したのを告白したことだ（美容整形は形成外科の一分野である）。

彼女は２０１８年現在48歳だが、25歳のときに地方局のレポーターを勤めていた。その際、アンカーになりたいと願って上司に申し出たら、彼は、

「あなたは中国人だから、とても無理だ。この地域では、中国系の人はあまり住んでいないだけでなく、その小さな目ではテレビで冷淡で退屈に映る」

と言われたのだ。

この一言で、形成手術を行うことを決心し、目から鼻などに施した結果、別人と見違えるばかりの美人になり、出世の道が大きく開かれた。そのことについて、彼女は、

「手術を行ったことをまったく後悔していません。それが、今の地位を与えてくれたのです。中国人であることを、未だに誇りに思っています」

と忌憚なく語った。

アジア系ジャーナリストで組織するＡＡＪＡ〈アジア系アメリカ人ジャーナリスト協会〉は、彼女の率直な告白は、東洋人に対する偏見が依然として残るアメリカ社会に対して警鐘を鳴らすものとして高く評価した。

チェンは、その際、隆鼻術も施そうとしたが、親が東洋的な特徴を残すべきだと強く反対したため思いとどまったという。なお彼女は、ＣＢＳコーポレーション（ＣＢＳテレビを保有）前社長のレズリー・ムーンベスの妻に収まっている。

ところで、東洋人が西洋美人にあこがれて一重瞼を二重瞼にすることを「眼瞼《がんけん》形成手術」と称している。アメリカでは医学用語として「極東眼瞼形成手術」と呼ぶほど、アジアで広く行われている。

整形手術は、特に韓国において盛んで、ブラジルに取って代わって世界で最も多く施術されている。それがあまりにも頻繁に広く行われるものだから、工場生産のようだと皮肉られているくらいだ。ソウル特別市南東部にある高級住宅街の江南《カムナム》区に行くと、形成外科の広告が、そこら中の壁や電車に多く貼ってあるそうだ。そのため、韓国で美人コンテストを行うと、みんなが似たような顔になるという。しかも問題なのは、医師が人命よりも利益を優先するので、手術によるクレーム事故が多発していることだ。

廉価な手術を求めて、外国、中でも中国から同国に多く来訪し、その数は年間約１万６

000人に上るという。そのため、韓国通関の担当者は、帰国時の中国人のパスポートを見て同一人物かどうか、見まがうほど変貌していることがあるそうだ。

なぜ、東洋の人たちは西洋顔にあこがれるのだろうか。私は、本来の自然な顔立ちが最も美しいのではないかと思う。現に欧米人の男性には、西洋型美人は身の回りに多くいるせいか、かえって、一重瞼の日本人の方が魅力的だと言う人が多い。

事実、欧米人が結婚する日本女性を見ると、私が知っている限りの大半は、私たちが「おかめ」と呼ぶ顔立ちなのだ。本来、太った福々しい体形の女性は災厄の魔よけになると信じられたが、その後の美意識の変化とともに、不美人を指すようになった。

テレビ局も外面的な美しさを取り上げる番組が多い。例えば、テレビ番組の見出しを見ると、「美人選手が悩殺」とか「美人妻が登場」、「光り輝く美女たち」、「水着美女に気をつけろ」、「美肌を見せて何が悪い」などと、やたらと外貌を強調する。

また、女性向け月刊誌の広告に、「顔だけでもない、服だけでもない、雰囲気の美しい人が、本当の美人です」と謳っていたが、なぜ、もっと内面的な知性を強く訴えないのか、残念でならないのだ。

しかも、テレビに登場する若い女性のアナウンサーは、「男性目線」を感じさせるように、故意にミニスカートをはいて美脚を見せ、やたらとセックス・アピールに訴える。その女子アナは、原稿を読みあげるだけで「おじさまの癒し」などと酷評されている。

その見かけだけの清純さを訴える最たる例は、ミス東洋英和に選ばれた笹崎里菜《りな》が、2014年11月、日本テレビのアナウンサーの内定を取り消されたことだ。そのわけは、彼女が2013年9月に翌春の採用が内定した後、母親の勧めで、東京・銀座のクラブでアルバイトをした経験を伝えたことだ。取り消された理由が振るっている。同局の人事局が彼女に送った文書に、「ホステス歴は、アナウンサーに求められる清廉性《せいれんせい》にふさわしくない」とされたのだ。

これに対して笹崎は、解雇の不当性を訴えて日本テレビ側を2014年11月に東京地方裁判所に提訴した。当初、日本テレビ側は全面的に争う構えを見せたが、2015年に入ると、日テレ側が態度を軟化させて和解し、彼女は2015年4月、日本テレビに晴れて入社した。

この出来事は、女子アナが、外面だけのタレント化していることをよく示している。事実、驚くのは、同局のアナウンス・ルームのホームページを開いて、並んでいる女子アナウンサーの写真をクリックすると、それぞれの生年月日、出身地、身長、血液型、趣味、出演番組などの、重要な個人情報の詳細が表示されていることだ。

美容外科もほどほどに

ところで、形成外科手術も度を過ぎると、大きな話題を呼ぶことがある。問題が起きたのは、2014年の第86回アカデミー賞授賞式で、女優キム・ノヴァク（当時81歳）がプレゼンター（贈呈者）として登場したときのことだ。彼女は1950年代に活躍した美貌の女優であり、アルフレッド・ヒッチコック監督の映画「めまい（原題：Vertigo）」（1958年）で好演したことで有名である。

ノヴァクはすでに81歳に達していたが、参加者一同を驚かせたのは、別人かと見間違えるほどの変貌ぶりである。老齢を隠すために形成外科手術を施したものの、度を過ぎていた。頬に充塡剤を多く注入した結果、しゃべるのが困難になっていたくらいだった。その模様を、ある喜劇役者は、「ノヴァクが、ハリウッド蠟《ろう》人形陳列館に持ち込まれたようだ」と酷評し、他の有名人は「彼女は、施術した形成外科医を訴えるべきだ」と言ったほど、ひどいものであった。

さらに物議をかもしたのは、「ブリジット・ジョーンズ」で一躍有名になったレネー・ゼルヴィガーが、2014年10月20日のエル・ウーマン賞の授賞式に登場したときのことだ。違った人物が現れたと思われたほど、顔が変わっていた。従来の両端がとがった楕円形の目から、卵形に変わっており、それを見た整形外科の医師は、「目の形を変えた他に、頬に充填剤も入れている」と分析していた。

特に有名な女優ほど、老けることにこだわるが、少しでも外貌が変わるものなら、世間で大騒ぎとなる。それに対して、彼女は、

「みんなが違って見えると騒いでいるのは、とっても嬉しいわ。私は今、すごくハッピーよ」

と巧みにかわしていた。この発言について、ある美容整形医は、

「ハッピーになる幸福感は、心を若返らせることはできても、外見を見分けがつかないようにはできない」

と語っていた。

また、アメリカで「コメディの女王」といわれたジョン・リバースは、毒舌を吐いて痛烈な風刺をすることで有名であり、人気があり、81歳になっても矍鑠《かくしゃく》として活躍していた。晩年まで、自分のテレビ番組を持っていたくらいだ。

彼女は、顔が変形するくらい美容整形を何度も施したことでも知られており、それを堂々と公言するだけでなく、それを自分のジョークの持ちネタにさえしていた。例えば、こんな具合だ。

「双子として生まれたかったわ。そうしたら、美容整形をしない私が、どんなかが分かるでしょう」

とか、

「美容整形のお陰で、やっと男が、私を触ってくれるのよ」

あるいは、

「これだけ多くの美容手術をすれば、死んだら神様が、私が誰だか分からなくなるわ」

と言ったが、惜しまれて、2014年9月にこの世を去っている。

顔のたるみやしわを取り除く美容医療としてよく用いられるのは「フェースリフト」である。特殊な糸を顔の皮下組織に入れて、たるみを引き上げる美容医療だ。その際、頭や顔に強い痛みが残る副作用が報告されている。

事実、2014年4月、この医療を受けた女性13人がその痛みを訴えて、都内の品川美容外科相手に計2400万円の損害賠償を求める裁判を東京地裁に訴え出たのに加え、同年10月にもさらに40人が計8800万円の損害賠償を求めて提訴している。原告となる患者は受診時に、「美白効果がある」とか「効果は何年か持続する」などと言葉巧みに誘われたという。しかし、施術後、顔が青紫色に腫れ上がり、口が開かなくなり、左頬に痛みが残ったと訴えている。

この事件を契機に、若返るため、果たして形成外科手術を施すべきかが問題視されるようになった。ある女性評論家は、「老齢の女性が無理に若作りしようとするほど悲しいことはない」と嘆き、「形成外科手術を施さずに習慣を変え、運動やダイエットを重ねて、年を取っても自然美を作る努力をするべきだ」と忠告している。

このような流れの中にあって、アメリカの有名女優の中には、形成外科の手術やボトックスで若返りすることに頑として抵抗している人がいる。その名は、テレビ・ドラマ「フレンズ」のレイチェル役で名を馳せた、ジェニファー・アニストン（2014年現在、45歳）である。彼女は、イギリス『FHM』誌によって、世界で最もセクシーな女性100人の1人に、毎年のように選ばれているほどの美女だ。

アニストンは、形成外科を施した方がかえって老けて見えると言う。そこで彼女は、形成手術をせずに、優雅に年を取る女性を尊敬する。その鏡として、著名なフェミニズム運動家のグロリア・スタイネム（当時80歳）や、大女優のダイアン・キートン（当時68歳）の名を挙げている。

また、世の中は、顔だけでなくスタイルも、表面だけで判断する傾向にある。例えば、最近見られた広告では、「股下85センチの美人モデル」などと、長い脚を強調して、その美しさを謳っている。また、ダイエット食品の広告には、これを食べて「ミラクル・ボディへ」と、外形の肉体美を強調するものもある。

あるいは、週刊誌の見出しが、「巨乳」、「豊乳」、「爆乳」などと、目を覆うばかりに大げさな表現だったり、「官能の美肌フルヌード」に「よくもここまで!!」と付け足して誇張する始末だ。これらは、女性を、男性の目を楽しませる単なる物体のように扱い、商品化させているに過ぎないのだ。

なお、真の美は内面的であることを、アメリカの諺で、適切に〝Beauty has no brains.(美貌には知力がない)〟と表現している。

ただ、この諺にはもう一つ、

Beauty is only skin deep, but it's only the skin you see.(美人は皮一重に過ぎないが、見えるのはその皮だけなのだ)〟

と、見かけの美貌に惑わされやすい私たちを、巧みに皮肉っている。

第7章◉輝けない女性

ステップアップする女性

何時も不思議に思うのは、テレビで物事を説明するとき、どうして決まったように男性が女性に教えるのだろうか。何か、男性が知識に優れていて、女性の方が教えを乞うような先入観を植え付けているようだ。なぜ、その反対がないのだろうか。男性よりも知識に勝る女性は多くいるはずなのに。

私は碁が好きで、ヘボながら初段をもらっている。テレビの碁番組を見ながら、その典型として感じるのは、ゲーム進行の解説である。男性高段者の説明に対して、アシスタントの女性は何ら反論することなく、首振り人形のように首を縦に振ってうなずくか、たまに疑問があれば聞く程度であり、自分の意見を挟むことはないのだ。

また、ワイドショーやニュース番組で、メインの男性アナウンサーの横に美人の女性アシスタントが並んでいる。男性の言うことに相槌を打つだけで、つなぎの言葉を話したりフリップ・ボードを出す以外は、何ら自分の所見を述べない。彼女の存在は、外見は美人だが、あたかも「つまらないものでも、ないよりはまし」を意味する、「枯れ木も山の賑わい」か、あるいは単なる「飾り花」のような存在である。

アメリカの友人が、テレビで彼女たちの動作を見て、「バブルヘッド」人形とそっくりだと言う。バブルヘッドとは、メジャーリーグで、球場を訪れたファンに、人気選手をかたどった無償配布の「首振り人形」のことだ。例えば、今までイチローや松井秀喜選手の人形が作られている。ヤンキー・スタジアムでは、大手企業がスポンサーになって、傘下有名選手のバブルヘッドを、毎シーズン、特定期日を設けて先着順で1万5千個を無償で配布している。友人は、テレビの女性アシスタントが、このバブルヘッドに似て、何も話さずにただ首だけを縦に振っているのを皮肉ったのだ。

出演した女性がよく利用されるのは、テレビ画面のワイプ（メイン画面隅の小窓）だ。メイン画面の進行とともに、無言でうなずいたり、あきれたり、驚くシーンは、女性の感情的な面だけを示しているかのようだ。

さらにその典型は、テレビのグルメ試食に駆り出される女性タレントやアナウンサーである。食べ終わって、その味を表現する食後感は、「まずい」と聞くことはなく、「おいしい！」や「うまい！」ならまだしも救われるが、大概は言葉にならぬ「うーん！」とか「うむ！」、「わあ！」である。せっかくの美味をより理知的で、文学的に表現ができないものかと何時も思う。

その彼女たちを象徴しているのは、「女子アナ」という語であろう。アナウンス技術よりも、容姿端麗を重視し、芸能人さながらの扱いを受けるのは、男性の目線で品定めしているかのようだ。「女子アナ」は、今や「タレント化」した女子アナウンサーを指すようになっている。

民放では「売れっ子」の女子アナウンサーは、その「鮮度」が求められるので、30歳頃までに人気を確立できなかった者は裏方に配置替えされ、やがて姿を消していく。まさに用が終われば捨ててしまう「使い捨て」の有り様である。そのため、「女子アナ30歳定年」という説が生まれ、25歳での結婚退職を強制されたり、弱みに付け込まれて、男性プロデューサーから、セクハラを受けることさえある。

欧米ではどうか

日本女性の中には、討論会形式の場で自分の意見を積極的に述べたりコメントする人はたまにいるものの、それは一方的な独演であり、相手、特に男性に面と向かって火花を散らすほど論理的に激論を交わす人は極めて少ない。女性が男性相手に議論するのは、はしたないかのように見えるのだ。

これと対照的なのは、アメリカ人女性である。その典型は、ウイークデイにNHKのB

S1で放送される経済番組「ブルームバーグ」を是非観てほしい。この番組では、その日のアメリカの株価や商品相場などの動きや出来事を報告し、討論し合う。

その参加メンバーは、男性1人に対して、女性が投資家を含めた2~3人の場合、女性たちが経済問題について、男性相手に自説を曲げずに堂々と侃々諤々《かんかんがくがく》の論を交わす場面は、日本では見られない激しさだ。彼女たちのような日本女性の論客の登場を筆者は強く期待する。

好対照なのは、日本民放の深夜の経済番組である。男女2人のインタビュアーに対し、ゲストの経済専門家が対応する形式だが、驚くことに、話し合っているのは男同士だけで、女性インタビュアーは横でうなずくだけで、最後まで一言もしゃべらなかったのだ。昼間の情報番組の中には、その内容とは縁の薄いアイドルや女性芸人を並べてコメントをさせているが、その場合、与えられた原稿を読んでいることが多い。

一方、アメリカの女性がインタビューをする場合は、日本と違って相手に聞くというよりは、詰問している場合が少なくない。アメリカの著名な女性インタビュアーを見ても、バーバラ・ウォルターズやクリスティアン・アマンプール、それに史上最高の司会者と評価されるトーク番組のオプラ・ウィンフリーなどのように、男顔負けの堂々たる話しぶりである。

その中でも圧巻なのは、バーバラ・ウォルターズであろう。彼女は90歳（2019年現在）であり、52年間もインタビュアー専門のアンカーとして大活躍をした。アンカーとは、その番組の総合司会をする役割の呼称だ。これまで対談した相手は、錚々《そうそう》たる人物であり、その名を挙げれば枚挙にいとまがない。世界的政治家では、マーガレット・サッチャー、エジプト大統領のアンワル・サーダート、ウラジーミル・プーチン、シリアのバッシャール・アル＝アサドなどがある。

しかもウォルターズは、相手に対して、忌憚なく辛辣な質問をする上に、不審な点があれば遠慮なく聞きただすのだ。さらに印象的なのは、ウォルターズが属するテレビ局ABCが、彼女の功績を讃えて、本社ビルを「バーバラ・ウォルターズ・ビルディング」と名付けたことである。彼女は2014年5月に一時引退を声明したが、1か月後に撤回し、テレビ番組のホスト役やインタビュー活動を、相変わらず精力的に続けている。

ウォルターズに匹敵し、見習うべきは、英BBCの政治担当エディターのローラ・クエンスバーグだ。彼女はドイツ貴族の出身で、祖父の時代にナチの迫害を逃れて、イギリスに移住している。グラスゴー大学と米ジョージタウン大学を卒業後、地方のテレビ局を経て、BBCニュースの首席政治特派員に抜擢された。

彼女は大物政治家に対し、何ら気兼ねせずに質問を発し、疑問があれば忌憚なく聞き返し、時には対等に論争することさえある。女性記者としては信じられないほどの男勝りの辣腕《らつわん》ぶりを発揮している。そのため、労働党のジェレミー・コービン党首と事を構えて、偏見があるとされ辞職を求められたことがあったが、後日、同党員が、

「難しい質問を発して、私たちの発言に疑問を投げかけるのは、彼女の本職である」

と擁護したので、事なきを得ている。

クエンスバーグは、その実力によって、英『プレス・ガゼット』誌による、2016年の英国ジャーナリスト年間賞を受賞した。ちなみに、ウォルターズもクエンスバーグもユダヤ人である。

さらに目立つのは、日本と違って、アメリカの女性アナウンサーには経済や政治問題に精通した人が多く、単独で出演していることだ。わが国の放送局の中には、ニュース報道で、女性2人を並べて、2人でやっと1人前であるかのように担当させているところがある。

なお、アメリカのテレビ番組で、「アナウンサー」とは広い概念で、その中に単にニュースを報道したり説明する一般的なアナウンサーや、「コレスポンデント（通信員、特派員）」や、総合司会者の「アンカー」、さらに単独で政治や経済問題を分析・解説する「コメンテータ」などがある。

コメンテータは、その分野の造詣が深く、弁が立たないといけない。日本ではこの職は専ら男性であるのに対し、アメリカでは、女性コメンテータが堂々と自説を唱えたりするのを多く見かける。日本にも、ウォルターズやクエンスバーグのような有能な放送記者の出現を大いに期待したい。

残念ながら、先に触れたように、日本の民放テレビ局は女性アナウンサーをタレント化しているので、知的才能よりも外面的なルックスを重んじる。それを反映して、ある週刊誌で「好きな女子アナ」と「嫌いな女子アナ」という題目で、不特定な読者に上位15人を列挙し、理由を述べる記事があった。驚くのは、嫌いな理由として、「服装、メイクが派手」とか、「猫をかぶっている」と、アナウンサーの本質とはまったく関係のない捉え方をしていた。これを反映して、他の週刊誌では各局の女性アナウンサーの美人比べをしている。

そのような女子アナが数多く登場するけれども長続きするのは少なく、使い切れば捨てられ、外面的な美しさだけでは、持続しないことを証明している。日本女性も、アメリカ女性アナのような実力と地位を獲得し、中高齢に達しても、放送界だけでなく、広く社会に進出することを切に願う。

そのために、マスコミが、外面にとらわれずに賢い女性をより多く積極的に登用し、彼女たちのイメージ・アップにつながるよう一層の努力と配慮を払うべきだ。賢い女性とは、自らの頭で考え、それに基づいて判断を下し、自説を明確に発言する人である。

女性は女々しいか

日本には「女々《めめ》しい」という表現がある。「男が女のようだ」、あるいは「いくじがない」や「思い切りが悪い」を意味する。この言葉が表すように、女は弱い者の代名詞のように扱われている。一般的に女性は、繊細で優しく、情緒的で精神的に弱いという固定観念があるようだ。

これは、諺で「男は度胸、女は愛嬌」という言い回しになって表れている。男にとって大事なのは、決断力があり物怖じしないこと、また、どんな事態に面しても沈着であり、動じないこととされている。片や、女にとって大切なものは、どんな人にも親しみを持って愛想がよく、かわいらしい振る舞いをして、魅力的であることだとする。

「男らしさ」と「女らしさ」のイメージが、このように、いつの間にか出来上がっているのだ。その「らしさ」の典型が、日本男子サッカー代表の「侍ジャパン」に対して、女子サッカー代表の「なでしこジャパン」の愛称になって表れている。

さらに「涙は女の武器」だとか「女の涙に男は弱い」ともいって、女性は涙もろいとする。その「泣く」には、「すすり泣き」や「めそめそ泣き」、「うれし泣き」、「笑い泣き」、「悔し泣き」、「むせび泣き」、「泣きじゃくる」などと様々な表現が使われる。

そのように泣くことが、弱弱しい行為と取られて、女性は弱いという先入観を与えているようだ。これには、メディアも多分に関与しているのではないかと思う。

例えば、2014年8月に開催された、第69回全国高校野球大会の準決勝戦のことである。日本文理高校が三重高校と対戦して5－0で敗退したとき、一流紙が美談として、同校記録員の女子生徒が、「泣かないと決めていたのに、こらえきれなかった」と涙ぐんでいる様子を写真入りで伝えていた。

しかし、ここで大いに疑問に感じるのは、同じチームの男子選手が負けて泣いているにもかかわらず、なぜ彼女だけを、ことさら取り上げなければならないのかだ。このような報道が、女性は「泣き虫で弱い」という先入観を助長しているように思えるのである。

しかも、女性自身が泣くのを自慢しているかのように考えている節がある。これはある女性アイドル・グループの一員が記した言葉である。

「初めて上海で舞台に立ち、涙が溢れてきました。メンバーたちが一緒の舞台に立てたことに涙を流してくれたのです」。これでは女性が、「泣き虫」とのイメージを持たれるのは無理もないだろう。

それに対して男は、泣いても「男泣き」程度であり、泣かない方がむしろ「雄々《おお》しい」とされるのだ。男泣きとは、男が抑え切れずに泣くことであり、どんなにつらいときでも、男は人前で涙を流してはいけないとされている。大の男が泣くのは、よほどの事態に直面したときだけなのである。

このような先入観が男性上位につながっているのではないだろうか。だが女性は、実際は、先述のスピード・スケート選手の高木菜那・美帆姉妹の例がよく示しているように、芯は強く我慢強く、「泣き虫」ではないのである。

事実、これに関連して、カリフォルニア大学サンフランシスコ校の神経精神病学者、ルアーン・ブリゼンダイン博士が、興味ある調査結果を発表している。同氏によれば、女性が泣きやすく涙を流す傾向にあるのは、男性よりも感受性が豊かだからではなく、生物学的差異によるとしている。すなわち、男性の涙管に比べて、女性の方がより小さいために、女性の涙はこぼれやすく、頬を流れるという。

また他説では、涙の成分には、泌乳《ひっにゅう》（乳腺からの乳の分泌）を促進するホルモン、プロラクチンが含まれており、これが涙の形成を助けている。女性が18歳に達すると、男性に比べて、血液中のプロラクチンが50～60%も多くなる。つまり、女性の方が泣きやすいのは、生物学的や生理的差異によるところが大きいというのだ。

一方、男性があまり泣かない理由として、幼少期から親に「人前で泣くな」と厳しくしつけられているからだという説もある。泣かずにこらえることを教えられているので、女性に比べて泣くことが少ないという。筆者も、子供の頃、仲間から「泣き虫、毛虫、挟んで捨てろ！」とはやされ、泣くと意気地がないと、教えられたものである。

「リケジョ」への偏見

その一つに、男性が無意識に持っている偏見に、女は生まれつき数学の能力が男性より低いというのがあり、「リケジョ」の語となって現れている。この語は「理系女子」の略語で、理系の女子学生や女性研究者、それに理系の進路を目指す女子中高生と、理系の女性社員などを指し、どちらかといえば、女性を見下した俗語である。

「リケジョ」の語は、今まで女性研究者がいかに特殊な存在であったかを示している。理系は男、文系は女という区分ができて、「女は理系に向かない」、という偏見が根強いために、これまでに多くの女子が理系へ進むのを断念していたかもしれない。

ここで思い出すのは、2006年11月、元航空会社の客室搭乗員の白井文《あや》市議が、尼崎市市長選に出馬した際のことだ。華やかな容姿に対し、長老議員から、「あんたは市議会のアイドルでぇえ」と言われた上に、街頭では、「女に数学が分かるんか」という言葉を投げつけられ、その偏見の根強さをよく示していた。彼女はそれにくじけることなく33歳の若さで市長に初当選し、その後、2期目の選挙では圧勝している。

ところで、この偏見を大きく打ち破ったのは、2014年9月12日、理研発生・再生科学総合研究センターの、高橋政代プロジェクト・リーダーではないだろうか。彼女が率いたチームが、ES細胞（胚性幹細胞《はいせいかんさいぼう》）を網膜の組織に変化させた後、先端医療センター病院が、これを患者に移植する画期的な手術に成功したのだ。移植の対象となったのは、目の難病「加齢黄斑変性《かれいおうはんへんせい》」（網膜の中心部にある「黄斑」に異常が出る病気）である。

世界で初めて、ES細胞から神経網膜を分化誘導した画期的な成果だと評価され、彼女はこの功績により、英科学誌『ネイチャー』の2014年「今年の10人」の1人に選ばれる栄誉に浴している。

さらに外国では、2014年8月、「数学のノーベル賞」といわれるフィールズ賞に設定以来78年ぶりに女性に対して初めて最高賞を授与したことである。受賞したのは、スタンフォード大学の教授のマリアム・ミルザハニである。女性として初めて受賞したことさることながら、37歳の若さであるだけでなく、イラン人なのだ。

ミルザハニは受賞した際、「私が受賞したことが、若手の女性科学者や数学者を勇気づけられたら、これ以上の喜びはありません」と述べた。彼女は、この一言によって、「リケジョ」の偏見を打破し、今後、多くの優れた女性科学者が輩出することを期待しているのだ。

現在、その「リケジョ」の典型として、最高峰に立っているのは、ドイツ連邦共和国首相のアンゲラ・メルケルではないかと思う。彼女は女性として、ドイツ初の大政党党首兼首相である。

メルケルは東ドイツに育ち、1973年、カールマルクス・ライプツィヒ大学（現ライプツィヒ大学）に入学して、物理学を専攻した。1978年、東ベルリンにある科学アカデミーに就職し、1986年に理論物理学で博士号を取得した、生粋の科学者である。

ドイツ再統一直前に西ドイツキリスト民主党（CDU）大会に出席し、党首で西ドイツ首相のヘルムート・コールに出会って政界に転じ、東西ドイツ統一後CDUに入党した。1990年の連邦議会選挙で出馬して初当選したのを機に、首相に上り詰め、多くの難関を乗り越えて、2018年現在、首相を4期務めている。「ドイツの女王」や「欧州の女帝」とまで呼ばれており、2015年の『フォーブス』誌は、世界で最も強力な女性10人のうち、彼女を第1位に列している。

世界的地位が低い日本女性

日本における男尊女卑を典型的に示したのは、２０１４年3月17日に発足した東京五輪・パラリンピック組織員会の理事会の構成である。元総理の森喜朗会長をはじめ、34人の理事中、女性はわずか約２％の８人（２０１７年5月現在）しかいないのだ。

皮肉なことに、五輪の舞台では、すでに女性上位であり、２０１８年平昌《ピョンチャン》オリンピックの日本代表選手団の内訳は、女子が72人、男子が52人と、冬季オリンピックにおいて、前回に続き女子が上回った。しかも、この大会で日本が取得したメダル13のうち、女性が９（約70％）と、圧倒的に多い。このことから、オリンピック組織委員会の女性の数を増やして、より強い発言権を持たすべきである。

ダボス会議で知られるスイスのＷＥＦ「世界経済フォーラム」は、２０１７年11月2日、２０１７年版「男女格差報告」を発表した。それによれば、日本は、調査対象１４４か国のうち１１４位と、前年の１１１位より3つも順位を落とし、主要7か国（Ｇ７）中、最下位だった。その10年前に10位であったことを考えると、ずいぶん格落ちしたものだ。

ＷＥＦは、女性の地位を経済、教育、政治、健康の４分野で分析し、ランキング化している。その中の経済分野について、日本の25歳以上の女性就業率は、過去5年間で増加し、2016年には66・1％となり、経済協力開発機構（OECD）平均の59・4％より高いという。だが、これは一見良さそうに見えて、量的に褒められても、質的に決して自慢できるものではない。

なぜなら、WEFによれば、就業の中身を分析すると、国会議員や閣僚、政府高官のうち、女性は12・4％に過ぎないからだ。上場企業になるとその差はもっとひどく、女性の取締役はわずか3・7％、73％の企業では管理者に女性がいないという。

しかも、厚生労働省の「国民生活基礎調査の概況（2018年7月20日）」によれば、わが国の2017年の女性就業者の55・8％が非正規労働者である。2015年に政府は、301人以上を雇う企業に対して、女性の登用を促し、その目標設定と実績を公開することを、法的に義務付けたものの、それには罰則規定がない。

日本のランキングが低い背景には、「夫は外で働き、妻は家を守るべきだ」という意識が根強いことがあり、政府の調査でも、その考えに同調する人の割合は5割超だという。女性は結婚や出産によって、仕事を続けにくい環境が影響している。

日本では、第1子の出産後に、仕事を辞める女性は半数に上り、3歳未満の子供を育てる母親の就業率は、アメリカが5割を超えるのに対し、日本は3割にとどまっている。出産や育児期に当たる30歳代で、女性の働く割合が大きく下がるのは、主要７か国（Ｇ７）の中で、日本特有の現象だといわれている。

さらに驚くべきは、ＯＥＣＤの２０１４年９月の調査によれば、日本の高学歴女性の約３割が就労していないことが判明したことだ。ＯＥＣＤ加盟国の平均就労率は80％なのに対し、日本の高学歴女性の平均就労率は69％にとどまり、加盟34か国中最低のレベルであり、メキシコ以下だ。同機構は、能力の高い女性が就労するためには、３歳未満の保育を拡大する必要性を指摘している。日本で高学歴女性という貴重な資源が活かされていないのは、子育ての後に再就職しようとしても単純なパートなどしか選べず、能力に見合う仕事がないこともある。現に、高学歴女性の就業率の高い国、スウェーデンやノルウェーなど北欧諸国は、子育て支援が非常に充実している。

企業は、能力がある女性は昇進させると言いながらも、実際に昇進するのは男性がほとんどなのが実情だ。もちろん労働基準法で、男性か女性かによって労働条件を差別するのは違法である。男女雇用機会均等法でも、募集や採用、昇進、退職に至るまで、全ての雇用段階で性差別を禁じている。事実、均等法の趣旨に違反するとして、裁判沙汰になり、会社に損害賠償を命じた判決がいくつか下されている。

しかし、法律の実効性はまだ十分でなく、男女間の処遇に格差があっても、裁判所は容易に「差別」があったとは認めないのだ。その好例は、2013年7月の広島高裁の判決である。電力会社に長年勤める女性が性別で昇進差別を受けたとして、差別賃金を求めた。ところが裁判所は、昇格実態に男女格差があることを認めたものの、驚いたことに、女性は管理職に就くのを嫌がる傾向にあり自主退職も多いことを理由に、違法な「性差別」はないとしたのだ。

その点、2014年10月23日、最高裁が、妊娠を理由に降格させるのはよほどの事情がない限り認めないと判断を下したのは、画期的である。これは、妊娠や出産をきっかけに、職場で不当な扱いを受ける「マタニティ・ハラスメント（マタハラ）」に対する最高裁判断として注目された。

これは、広島市内の病院に勤める理学療法士の女性が訴えた裁判である。彼女は、就職後10年で副主任になったが、2008年に妊娠したことから、負担の軽い業務に変えてもらえるよう願い出たが、副主任の役職を外された。その上、出産後に職場復帰したものの、異動させられ、月9500円の減給になった。妊娠と出産を理由に不当な扱いを受けたとして、女性が職場を相手に慰謝料などを求めたのである。

男女雇用機会均等法9条3項について、今まで妊娠や出産を理由に、女性に対して不当な扱いを禁じるかどうかが不明確だったが、この判決によって、一定の基準が示された意義は大きく、これで女性たちが差別反対の声を上げやすくなっている。

なお、働く女性が妊娠と出産をきっかけに職場で、精神的・肉体的な嫌がらせを受けるマタハラは、セクハラやパワハラと並んで、職場の３大ハラスメントと称されている。２０１４年の日本労働組合総連合会（連合）の調査によれば、マタハラを受けたことがあると答えた女性は、４人に１人いたというほど顕在化している。

寿退社は美名

「寿退社」という言葉があるように、社会全体には、結婚せずにいる女性社員はかわいそうだという雰囲気がある。寿退社とは、結婚に伴って会社を辞めることを意味するが、女性の幸せは結婚であり、女性は結婚を機に仕事を辞めるのが通例とされていたところから生まれた表現である。今後、女性が社会に広く進出するには、このような考えを早く払拭すべきである。

企業調査などによると、女性管理職の登用が進まない理由として、男性経営者や管理職が、女性は「昇進や昇格への意欲が乏しい」とか「出産などで辞めてしまう」などと嘆く声をよく聞くという。

しかし、日本企業における深刻な問題は、男性側のこうした思い込みが女性の意識に影響しており、負のスパイラルを起こしている。「女性はどうせ辞める」や「女性は意欲に乏しい」と考える上司は、責任ある仕事を男性に任せがちになる。すると、その男性部下は、与えられた仕事の経験を活かして能力を伸ばす一方で、女性は能力成長の機会を逸することになる。こんなことが繰り返されると、チャンスをもらえない女性は、仕事への意欲を失い、多くが辞めていくのだ。

それを見た男性上司は、「ほら、やっぱり女性はダメだ」と自分の思い込みを確信して、ますます女性に機会を与えなくなり、上司は重要な仕事を女性に与えないようになる。これが自分自身の行動から生じた結果なのに、あたかも自然に起きたかのように錯覚してしまう。

従って、日本における男性の働き方を根本的に見直す必要があろう。すなわち、男性の家庭進出をもっと促し、家庭をもっとサポートしなければ、働く女性に育児と家事の重荷が増える一方となる。さらに女性の勤務時間も、男性よりも柔軟にしなければ職場と家庭が両立できなくなる。

これらが示すように、女性に対する偏見や差別は、日本で依然として根強く残っている。政府も企業も、女性の能力をもっと活用し、意欲を掻きたてるように、雇用慣行を改善しなければならない。

女性の政治参画への課題

特に目立つのは、政界において女性の政治参画が非常に遅れていることだ。先のWEFの調査では、日本は女性の閣僚や議員の少なさが目立ち、政治は144か国中123位と20も順位を下げた。改選前の2016年、女性議員の割合は9・3%(475人中44人)だった。だが、2016年10月22日の衆院選で当選したのは、465人中47人で、割合は10・1%、つまり10人に1人が女性であり、海外と比べると、政治への進出は非常に遅れている。ノルウェーでは2013年に史上2人目となる女性首相が誕生しており、スウェーデン議会は一院制の立法府(リクスダーゲン)だが、その定数349議席のうち、約45%を女性議員が占めている。

日本で女性の議員を増やすために、選挙前から女性議員の枠を漸次全体の3割に法的に設定すべきだ、という意見が野党からあった。これに対して、2016年に自民党から、「女性の社会進出で社会が豊かになっていると思えない」とか「能力のある人は地力で這い上がる」という立法化への異論が相次いだ。

しかし衆院で男性が9割、女性が1割の現状は、外国に比べて大きく見劣りする。海外での取り組みが進む一方で、この少なさは、世界でも際立つ異常事態である。地方では「女性ゼロ」の市町村議会が352と、2割もある寂しさだ。

そこで、「男性中心の政界」がようやく重い腰を上げて、遅ればせながら、2018年5月16日に、「政治分野における男女共同参画推進法（候補者男女均等法）」を全会一致で成立した。

だが、これとても女性候補者の一定数を割り当てる内容ではなく、単に選挙で男女の候補者数をできる限り「均等」にするよう政党に促すに過ぎず、義務付けられていないのだ。ただ、これによって有権者は、法律が求めている男女均等を果たすように、促すことができるメリットはある。強制力はなくても効果が徐々に出ると思われるので、男女均等への大きな一歩前進といえよう。

この女性議員枠への数値目標を定めて割り当てる「クオータ制」は、外国ではすでに約130の国や地域で、政党が候補者名簿の一定割合を女性に割り当てている。

ノルウェーは他国に先駆けて早くも1970年代から、政党が候補者の女性割合を取り入れて女性政治家が増加したため、女性を後押しする政策が増えた。その結果、1990年代には、父親向けの育児休暇制度（現在は10週間）を法制化し、今では、長期育休を取る父親は9割に上っているという。

政党によるクオータ制導入は、オランダやイギリス、南アフリカに広がっている。憲法や法律の規定で女性候補者の割合を義務付けているのは、フランスやアルゼンチン、韓国である。

わが国でも、かつて民主党が「クオータ制」の導入に向けて女性候補者を30％にする数値目標を打ち出したことがある。片や安倍晋三首相が「女性の輝く社会」を掲げているにもかかわらず、自民党はクオータ制を検討していない。その理由として、党幹部の1人は、「男性議員に立候補を止めなさいとは言えない」とうそぶいている。

女性の「クオータ制」への男性からの反発は強く、「女性を優遇する」とか「男性への逆差別だ」、あるいは「男女平等を定めた憲法に違反する」という慎重論も根強い。だが、法規制でなくても、政党が自主的に女性議員の一定割合に取り組む手法は、クオータ制の手始めとして現実的であり、このような思い切った手段を考慮すべきだ。

筆者は、法律によって女性のクオータ制を導入することに賛成である。先のように政党が自主的に行う方法もあろうが、公職選挙法を改正すれば、条例によってでもクオータ制が可能になる。ただし、無期限にすれば、安易に流れてマンネリ化しかねないので、一定の期限を設けて段階的に設定する必要があろう。

日本の労働力人口が、少子高齢化で今後減少していく中で、貴重な労働力として、高齢者とともに女性を活用することは喫緊の課題なのである。

男尊女卑の日本企業

「『リーマン・ブラザーズ』が、『リーマンブラザーズ・アンド・シスターズ』だったら、今も存続していたのではないでしょうか」とは、安倍晋三首相が政策スピーチなどで多用するフレーズだが、結構聴衆のウケがいい。

もともとの引用元は、インターネット新聞『ハフィントンポスト』の創設者、アリアナ・ハフィントン氏の発言である。２０１２年９月に経営破綻した米大手投資銀行グループのリーマン・ブラザーズが女性を積極活用していたら、破綻を免れていただろうと発言したのだ。

首相は、その根拠も示している。２０１３年12月の「日本女性エグゼクティブ協会」の発会式では、「英リーズ大の１万７０００社を対象とした調査によると、女性役員が１人以上いる企業は、女性役員のいない企業と比べ、破綻する確率を20％減らすことができるということです」と説明した。

経済界はこれに呼応するかのように、女性登用に本腰を入れ始めた。手始めに日本経済団体連合会(経団連)は、「女性の活躍推進は女性のためでなく、人口減少する流れの中で、あらゆる人の能力を活かすことが、企業の競争力を高める」と言明し、ようやく女性幹部登用の旗を振り始めた。

少ない女性管理職

日本企業に女性管理職が少ない理由として、厚生労働省所管の研究機関が調べたところによれば、「採用の時点で女性が少ない」や「経験や判断力を持つ女性が少ない」が多かった。多くの企業が、総合職・一般職の区別などのコース制を用いて、最初から多くの女性を管理職候補から外しているのが現状である。

だが、最も考えられるのは、仕事と家庭を両立させるのが困難なことだ。その背景には、日本の長時間労働の習慣があり、週50時間以上働く人の割合は、イギリスやアメリカ、フランスなどの1割前後に対して、日本は3倍の約3割に上る。長時間労働が当たり前になっているため、育児を担う出産後の女性は、仕事の将来性に見切りをつけて離職する傾向にある。

さらに女性が昇進への意欲を持ちにくいのは、男性が専ら長時間働くのに対し、家事や育児の負担が女性に偏っていることもある。それには、男女ともに育児や家事を分担し合いながら、労働時間を短縮することが欠かせないのだ。企業における女性の活躍を推進するため、結婚や出産・子育てなどに対する社内制度等の整備が進められているものの、実効は遅々として進んでいない。

女性役員を増やすには、女性社員のキャリア形成への対応も必要である。2013年7月、経団連が女性活躍支援や推進のために取り組んでいる調査結果を見ると、有効回答社348社のうち、「キャリア支援に関する研修等」を行っている企業は55・7％だが、「女性管理職数・比率を増やす計画的取り組み」を実施している企業は45・6％と、企業内の女性のキャリア形成に取り組んでいる企業は、まだ半数程度にとどまっている。その上、勤務中に安心して子供を預けられる環境整備など、行政としての支援と取り組みも不可欠である。

とはいえ、一流企業の中には目標を立てて、女性管理職の割合を引き上げる企業が出ているのは心強い。日立は2020年までに国内を中心に女性管理職を2・5倍の1千人に増やし、トヨタ自動車は2020年までに3倍、2030年には5倍以上、ソニーは2014年現在の約5％を2020年までに15・5％に引き上げるとの数値目標を掲げている。

日本の企業における女性登用が世界的に大きく立ち遅れているだけに頼もしい。

このように一流企業が遅まきながら立ち上がったものの、看板だけの女性活用を掲げる「名ばかりの女性活用」の企業が未だに多い。女性の大幅な登用が定着するまでに多くの難関があり、一筋縄ではいかないようだ。

しかし、多様な人材を活かす組織と経営者がなければ、現今の激烈なグローバル競争に勝ち残れないことは明らかであり、企業は女性の力を借りてもっと成長しなければならない。それには、女性を従来のように低賃金で、いわば「使い捨て」になっている非正規労働者の状態から脱却させる必要があろう。その阻害となっている長時間労働や、年功序列型の賃金や昇進システムを是正し、さらに子育ての環境を整えて女性の就業率を向上させなければならない。

「ガラスの天井」を突き破る

女性に資質や成果があるにもかかわらず、企業や組織には、彼女たちの昇進やキャリアを妨げる〝見えない壁〟があるという。これをアメリカでは、「ガラスの天井(glass ceiling、グラス・シーリング)」と呼んでいる。もともとこの語は、女性だけでなく、マイノリティ（少数派民族）の企業内での打ち破れない障壁を意味していた。

　このガラスの天井は、日本において、企業のみならず医師の世界でも見られる。女性医師の総数は２０１２年現在、約２割とされているが、都道府県の医師会長にはほとんど女性がいないのだ。また弁護士の分野でも、法廷弁護士として名が売れている女性は極めて少ない。例えば、大事件が起きて、その被告の代理人としてテレビや新聞に登場するのは、決まって男性弁護士である。

　では、どうすればこのガラスの壁を打ち破り、現状を変えられるだろうか。

まず企業においては、経営トップの意識改革と支援が必要である。長年、根付いた企業風土や男性優位の意識を変えるのは言うほど簡単ではないだろうが、経営者自らが、性別によらず、人間本位の人材活用をするという確固たる意思と決意を持って実行しなければならない。

　残念ながら、女性役員の登用はまだまだ少ないのが実情なのである。経団連が２０１３年７月に行った調査によれば、会社法上の役員（取締役、会計参与、監査役）や執行役員に女性が登用されている企業は、３４８社中の１０７社だった。このように約３割の企業に女性の役員が用いられているものの、残り約７割の企業では、役員が男性のみで構成されているという。

女性の登用について、男性に根強い偏見や先入観があるのも事実だ。それを示したのが、２０１７年9月22日、三重県が主催した女性の社会参画について話し合う「女性の大活躍推進三重県会議」であり、経済団体や労働組合などの代表者が出席した。

驚くことに、女性管理職の比率という目標設定を企業に求める案に対し、「男性の管理職に早く出て行けという感じになる」と、時代錯誤的とも思える発言があった。その上、「我々は古い人間だから『女は下、女のくせに』というのが頭から離れない」と、あからさまに自分の古い先入観を口にした会社会長がいたことだ。

この出来事から見ても、日本の男性、特に中高年には、女性に対する隠れた偏見や皮相的な考え方が根強く残っているのである。

経済の中枢を担う銀行業界は、その面では極めて保守的とされているものの、２０１４年春、ようやく2メガバンクで2人の生え抜きの女性役員が誕生しただけでなく、世間を驚かせたのは、同年4月に野村信託銀行の社長に眞保《しんぽ》（鳥海）智絵《ちえ》氏が就任したことだ。（その後、同氏は２０１８年4月1日に野村証券専務に栄進）。金融のグローバル化が進んでいる中で、より柔軟で多様性のある業界に脱皮しなければならない。

大手企業の中には、深夜まで働く習慣を改め、残業禁止を打ち出し、朝早く出社して仕事の能率を上げる取り組みを始めている所がある。これが、育児とキャリアを両立させて、女性を支える効果を発揮し始めている。安倍政権は、成長戦略の一つに女性の活用を掲げているが、このような民間企業の創意工夫が伴わなければ、女性がキャリアを活かすことはできない。男性を含めた全従業員の働き方を変えなければ、女性にとって働きやすい環境は生まれてこないだろう。

金融界でも

アメリカで目立つのは、女性が金融業界において依然低い地位に置かれていることである。そこで忘れてはならないのは、アメリカ金融界のガラスの天井を打ち破って「金融界の最初の女性」と謳われた、今は亡きムリエル・シーベルトの功績である。彼女は、株式トレーダーを営む一方、男尊女卑が顕著な金融界に対し、果敢にその不正を暴き、厳しく批判した。

中でもシーベルトが名を馳せたのは、「メン・オンリー」とされたニューヨーク株式取引所で、女性として初めての会員になったことだ。だが、1365の会員が全て男性である取引所に加入するのは、決して容易ではなかった。それには加入条件である既会員男性10人の賛同をようやく取りつけた上に、会員権として44万5千ドル（約5千万円）の大金を調達する必要があった。これらの障害を乗り越えて、ようやく１９６７年に会員として正式に認められたのである。

それに伴って、様々なエピソードが残されている。例えば、この取引所の7階に会員食堂があったが、そこには女性用のトイレがないので、わざわざ階下のトイレまで行かざるを得なかった。取引所理事長に対して女性用を設けるよう何度も申し入れたが、聞き入れられず、業を煮やした彼女が「設けなければポータブル・トイレを食堂に持ち込む」と言うに及んで、ようやく女性用トイレができたのだ。

２０１４年10月に金融業界を驚かせたのは、大手投資信託会社であるフィデルティ・インベストメンツのＣＥＯ（最高経営責任者）に、女性のアビゲール・ジョンソンが就任したことだ。同社は４００以上の基金を持ち、２３００万人以上との取引があり、２００７年９月時点で総資産１兆５７００億ドルを持つ大企業である。その頂点に女性が立ったことは、この分野への女性の進出が出遅れていただけに、意義深い。

その一方、日本の実態を見ると、さびしい限りである。この業界への女性の進出が大きく期待される。

クローズアップされるセクハラ

セクシュアル・ハラスメント（セクハラ）は、「性的嫌がらせ」の意味で用いられているが、性的中傷から肉体的接触から暴行などに至るまで、広い概念を含んでいる。

セクハラの語が、わが国で人々に認証されて劇的にクローズアップされたのは、約30年前の1989年8月、福岡県の出版社に勤めていた晴野まゆみという勇敢な女性が、セクハラを理由に、上司を相手取って日本最初の民事裁判を起こしたことだ。

彼女は、マスコミからのプライバシー侵害を警戒して、匿名「原告A子」で押し通し、ようやく1992年に、被告に165万円の支払いを命ずる全面勝訴を勝ち取った。その結果、セクハラの語は、1989年の流行語大賞の金賞となったのである。セクハラという概念すらなかった頃に、セクハラに関連する行為に対して明白に金銭賠償が認められたこと、そしてセクハラの環境、例えば事務所で猥談や性的ジョークを話し性的ポスターを貼ることを咎《とが》めた意義は極めて大きいのだ。

この事件でセクハラが大きくクローズアップされたにもかかわらず、未だに連日のようにセクハラ事件が起きている。その容疑で逮捕に至ったのは、地方議員から地方役所員、検事、警察官、教諭、医師に至るまで、その職種は多岐にわたっている。

労働政策研究・研修所（ＪＩＬＰＴ）が、２０１６年に公表したセクハラ被害の調査では、25~44歳の働く女性の28・７％が被害経験があると回答しており、正社員になると34・７％に達していた。

根強い女性への偏見

現実の問題として、職場でヌード・カレンダーや水着ポスターを貼ったり、上司が、終業後、無理やり付き合わせたり、慰安旅行で旅館での浴衣などの着用や酌の強要をするのが横行している。

コンビニやレンタル・ビデオ店に並んでいる露骨な写真は目を覆うばかりだ。週刊誌は「永遠の女体の完全フルヌード」とか「カーヴィー・ボディー」、「むきだしのカラダ」などと外面だけを訴えている。女体、中でもヌードの写真があまりにも多いので、航空会社の国際線乗客、特に外国人から強い苦情が出たため、その週刊誌の購読を中止したところさえあったくらいだ。

ここで注目すべきは、アメリカにはポルノの害を広く訴えるNPO団体の、National Center on Sexual Exploitation（性的搾取防止センター、NCOSEと略）があることだ。中でも、わいせつ刊行物が公衆の面前にさらされることに目を光らせている。

そこで、2018年3月に大きな話題を呼んだのは、NCOSEが、女子向けの性的記事を専門に掲載している大衆誌『コスモポリタン』の大手量販店ウォールマートでの販売を中止させたことだ。

同誌は、約300万人の購読者がいるといわれ、35言語に翻訳されて100か国に広く配布されるほどの大型刊行物だ。そのような月刊誌の店頭販売を、量販リーダーのウォールマート相手に取りやめさせたことは極めて意義深い。

日本で問題になったのは、航空会社スカイマークが、2014年6月から女性客室乗務員（CA）に新制服として、膝上25センチのミニスカートを着用させたことだ。これでは荷物の上げ下ろし時、太腿があらわになる。彼女たちは「男性の目線が気になる」と不平を鳴らしたので、CA労働組合の一つが「保安業務に支障が出る。セクハラの観点から問題だ」と国に指導を求めた。

そこで、制服の一部としながら、女性の身体を商品化したことが大きな問題となった。ファッション・デザイナーからも、「今の時代に、女性の体を使うという考えは下品であり、『女性の活用』をはき違えている」と指摘されたのは、当を得ていた。批判が殺到したため、スカイマークは、丈を10センチ伸ばした服に変えざるを得なかった。

女性の社会的地位を高めるには、このような経営者の意識改革も必要だが、さらに露出度が高いマスコミ、特に一般に強い影響力を持つテレビの分野においても、表面的な美しさや感情的な面にとらわれずに、もっと知的で教養豊かな女性に重点を置くべきだと思う。

セクハラの横行

日本女性が仕事外で悩まされるのは、痴漢である。外国人が東京に来て驚くのは、電車の中に、「痴漢防止」の中吊りポスターが貼り出されて、それを反映するかのように女性専用の車両が走っていることである。

しかし外国人の中には、この中吊りポスターは、加害者に、自分の行為はむしろ相手を喜ばすと信じさせるので逆効果であるとし、女性専用車両は「その車両以外の女性には痴漢行為をしてもいい」と考えさせると、疑問を呈している。

満員電車で体を触られたり、いじり回されたり、スカートの中を盗撮される事例が実に多く報告されている。例えば、2008年1月17日には電車内で、専門学校生の女性の胸を服の上から右ひじで触ったということで、滋賀県警鉄道警察隊員が現行犯で男性を逮捕し、彼は一貫して無罪を主張したが、大津地裁は有罪判決を下した。

痴漢の場合、物的証拠がほとんど残らないという犯罪の性質上、被害者の証言か被疑者の自白しかない。自白することは稀なので、捜査機関は、被告人が痴漢をしていない証拠を示さなければならない。だが、物的証拠が残らず、捜査能力に限界があることから、この立証は極めて困難なので、「悪魔の証明」（立証できない事実や現象）と呼ばれているほどだ。

そこで、冤罪《えんざい》を主張して言い逃れることが少なくない。しかも痴漢は、恒常的に混雑した満員電車の中で起きているため、刑法犯でなく迷惑防止条例違反で扱われるケースが多いため、一般から被害が軽く見られる傾向にある。

横行する痴漢行為を防止するには、防犯カメラを増やしたり、鉄道会社が車内や駅に通報を受ける専門係員を配置するなどが必要となろう。それに加えて周囲の人、特に男性が被害にあっている女性を助けて、痴漢を許さない姿勢を示さなければならない。

これら一連の出来事を振り返ってみると、女性を対等に扱わないどころか蔑視する、男尊女卑の文化と伝統が、日本に根深く残っているのである。

〝#MeToo〟運動の台頭

ここで、セクハラについて、忘れてはならない画期的な出来事が起きたのだ。それは、2017年10月、アメリカで巻き起きた〝#MeToo〟（ハッシュタッグ・ミー・ツー＝私も）の運動である。これを契機に、セクハラに対する女性の反発が一斉に高まり、そのうねりが、大きな社会問題を惹起するまでになった。アメリカで1991年、クラレンス・トマスが最高裁判事に任命された際に、トマスのアシスタントだったアニタ・ヒルが、彼のセクハラを訴えて起きたフェミニズム（女性主義）運動に次ぐ、男性を糾弾する歴史的な大運動となった。

トランプ大統領のセクハラについては、大統領就任前から度々問題にされてきたが、ここに至って、セクハラが大きくクローズアップされた背景には、ハリウッドの大物、ハーヴェイ・ワインスタインのスキャンダルがある。彼は、映画制作会社「ワインスタイン・カンパニー」を設立したプロデューサーであり、『恋におちたシェイクスピア』や『英国王のスピーチ』、『シカゴ』などの名作を世に問い、ハリウッドきっての大御所として、押すに押されぬ存在である。

ところが、２０１７年10月5日、ニューヨーク・タイムズ紙（NYT紙と略）は、ワインスタインが過去30年にわたって、多くの女優やモデル、アシスタントらに性的嫌がらせをしてきたことを暴露したのだ。彼と一緒に仕事をした女性たちは、キャリアアップと引き換えに、肉体関係を強要されたという。

それが今になって明るみに出たのは、一つ目に、ワインスタインがハリウッドきっての実力者だっただけに、職ほしさの若い女性が抵抗できずに黙認してきたこと。これは、利害関係にある人間同士が性的関係を築いて物事を有利に進める、いわゆる〝枕営業〟に相当する。二つ目は、反抗して異議を申し立てた女性に対して、口外しないという条件で内密に高額の金銭で収拾したからである。

しかし、NYT紙の暴露を契機に、ワインスタインは会社から解雇されただけでなく、映画芸術科学アカデミーから追放され、妻のジョージア・チャップマンも彼のもとを去った。同年10月21日までに、彼に対してセクハラの申し立てをした女性は実に50人超に上ったのだ。

これが社会メディアを広範に覚醒させる起爆剤となり、映画界ばかりでなく世界各国にも波及した。その結果、影響力のある男性に対して、セクハラを申し立てたり解雇を要求する〝国民の審判〟の大波が起こり、いわゆる〝ワインスタイン効果〟を惹起したのである。

さらに、社会メディアの「#Me Too（ハッシュタッグ・ミー・ツー）」によって、女性にセクハラの実態を暴露することが奨励され、それがSNSによって加速されて、広範に拡散するようになった。

ワインスタイン効果

われもわれもと名乗りを上げて始まったSNSの「#Me Too」運動は、多くの女性の共感を呼んで、お互いに結束するようになった。この動きは85か国に行き渡り、2017年10月から同年12月の間に、ツイッターやフェイスブックで約600万回超も利用されるほど拡散し、一大社会改革運動化したのである。

その結果、多くの分野にわたって有名人がやり玉に挙げられ、失脚する事例が相次いで起きた。映画界では、未成年者にセクハラをしたダスティン・ホフマンや、『スーパーマン・リターンズ』のケヴィン・スペイシー、それに日本と馴染み深いスティーヴン・セガールなどである。テレビ放送界では、3大ネットワークの一つ、NBCの看板アナウンサー、マット・ラウアーが、女性同僚に自分の一物《いちもつ》を見せたかどで、2017年11月に解雇された。

音楽界では、メトロポリタン歌劇場の首席指揮者、ジェームズ・レヴァインは、4人の男性から自慰行為を強要されるなどの性的虐待を受けたと告発された。そこで同劇場は、70人超の関係者を聴取した結果、その明白な事実があったとし、2018年3月12日に、彼を解雇した。

政界では、民主党のアル・フランケン上院議員と共和党のトレント・フランクス下院議員に次いで、共和党ブレイク・ファレンソールド下院議員と民主党ルーベン・キーウェン下院議員などが次々と、政党を問わずにセクハラ疑惑で辞任する羽目になった。

ここで世間の注目を引いたのは、美女が群がるハリウッドである。セクハラの注目を集める嚆矢《こうし》となった、ワインスタイン・スキャンダルは氷山の一角に過ぎなかったのだ。

2018年2月21日、『USAトゥデイ』紙が報じた映画界のセクハラの実態は、おぞましいほど驚く内容だった。同紙が調査したところによれば、ハリウッドで従事する俳優、作家、監督、編集者などの女性843人を対象に調査した結果、実に94%までが、何らかのセクハラあるいは暴行を受けたと答えている。

通常、相手は年配の権力者であり、彼らにナンパされたり、陰部を露出されたり、時には性交渉を迫られたという。それに芸能界特有に見られることだが、事前の了解なしに服を脱がせられたり裸にされるなど、多岐にわたっていた。それにもまして最悪なのは、回答者のうち21％までが性的行為を少なくとも1回は強要されたことだ。

さらに、個人や仕事上の反感や報復を恐れて、彼女たちの4人に1人しか、その事実を他人に打ち明けていなかったという。セクハラを報告した人たちの大半は、事態は改善されなかったとし、28％だけが職場環境が改善されたと答えている。

日本の実態

アメリカの俳優たちによるセクハラ被害の告発に端を発した〝#MeToo〟の大きなうねりは、日本にも波及し始めている。日本の女性も、セクハラを見逃すことなく声を大にして抵抗するようになってきた。

その発端になったのは、２０１８年4月12日発売の週刊新潮が、財務省の福田淳一事務次官が女性記者を自宅近くのバーに呼び出し、「胸触っていい？」、「浮気しよう」、「手しばっていい？」などといった言葉を繰り返したと報じたことである。しかも、そのときのやり取りとされる音声データの一部が、ネット上で公開された。

福田次官は「セクハラではない」と言い張っていたが、4月19日、彼に対する世間の怒りが噴出したのに抗し切れず、「職責を全うできない」という理由で辞任を表明した。それでもセクハラを否定し続けた上に、財務省が、彼のセクハラを認定するのを避けたことから、抗議の声がますます高まったのである。ついには、4月20日、立憲民主党など野党国会議員の有志数十人は、「#MeToo」の赤紙を掲げて財務省に抗議に赴いて、日本にも「#MeToo」運動が拡散したことを示した。

さらに4月23日、自民党の下村博文・元文部科学相が福田次官からセクハラの受けた女性記者が音声を録音していた行為について「週刊誌に録音を売る意味で犯罪だ」と失言したり、長尾敬衆院議員が、抗議した女性国会議員に対して、「セクハラと縁遠い方々」とツイートしたことから、世間の怒りは噴出した。

4月24日に福田次官の辞任は正式に認められたが、野党は、彼のセクハラ疑惑と決裁文書改ざん問題に関する麻生太郎副総理兼財務相の責任問題を厳しく問い、不参加中の国会審議に復帰する条件として、麻生氏の辞任を求める強硬な姿勢を貫いた。それでも、政府・与党側は同氏の辞任には応じなかったので、政情の泥沼化をもたらした。

しかし、4月27日になると、財務省は、世論の高まる抗議に抗し切れず、辞任した福田氏にセクハラ行為があったと認定して減給20％、6か月の懲戒処分を科した。さらに同省は、大型連休前に区切りをつけて幕引きを図ろうとしたものの、野党は不十分な処分と反発し、麻生氏の任命と監督責任を引き続き追及し辞任を迫った。折も折、そんなときに麻生財務相は、福田前事務次官のセクハラ問題を巡って、5月11日に「女性記者に、はめられた可能性は否定できない」との発言を繰り返して火に油を注ぐ結果となった。与野党から厳しい批判を受けるに及んで、発言を撤回し、しぶしぶ謝罪した。

このように、自民党の政治家たちから女性に対する心ない発言が後を絶たないのは、セクハラ問題について彼らがいかに鈍感であるかをよく示していた。自分の価値観は世間と異なっておらず、議員を長年勤めてきたから間違っていないと思い込んでいるようだった。国民の代表である議員がセクハラを軽視する時代錯誤的発言を口にしてはならないのは当然である。しかし驚くことに、セクハラについて、民間企業は男女雇用機会均等法があり、官僚は人事院規則があるものの、国会議員はどちらにも左右されないのだ。

閣僚の一部からも、この度重なる失言を憂慮する動きが出た。野田聖子総務相は、5月12日、「セクハラは権力を持つ側の弱い者いじめ」と断じ、若手に義務化されているセクハラ防止研修を強化して、幹部も対象にすべきだと提案した。

では、わが国一般の実情はどうだろうか。旧然たる男性優位の社会の中にあって、男性との平等を求めずに高収入の人と結婚して仕事を辞める女性が未だに多いようだ。また、ナンパされると「モテた」と錯覚したり、ある著名な女性は、身体を触られた体験を告白したとき、「肌の露出度が多いから」とか「男にこびたから」と自分が悪いかのように述べて被害意識がない。一般的に「我慢することが暗黙の了解になっている」、あるいは『『被害』というよりは『私の罪』と思っていた」との風潮が残っているのが実体なのである。

セクハラを訴える女性たちのSNSの内容を見ると、勤務先の先輩社員から深夜に自宅に呼び出されたり、性的関係を断ると知人女性を紹介せよと迫られた例が多数報告されている。にもかかわらず、苦情を申し立てても、残念ながら彼女たちの声をさえぎる社会の壁は高いのだ。

セクハラを問題化しにくい背景には、古くから存在する男尊女卑の社会にあって、女性はそれが普通だと見逃し、あきらめている節がある。また、ことさら問題にすれば、勤務先から解雇されるという恐怖心を抱いている。ある実例では、職場で同僚からのセクハラを上司に訴えたら、「この団体にいられなくなるぞ」と脅されて渋々引き下がったそうだ。

また、女性が声を上げづらいのは、幼少時から「ノー」と言わないように親から諭されているので、不当な要求に対してはっきり断らないことがある。さらに性被害では、「被害者にも落ち度はあったのではないか」という心ない声が浴びせられる。セクハラ防止は、男女雇用機会均等法の改定や厚生労働大臣の指針によって、ある程度保護されているとはいえ、まだまだ不十分である。それでも女性は勇気を持って、泣き寝入りせずに嫌なことは嫌だと、声を上げるべきなのだ。これに呼応して、周囲の男性だけでなく、企業や社会も、女性の苦情に耳を傾けるように変わらなければならない。

大手企業には相談窓口を社内に設けているところが多いが、より相談しやすくするとともに、公平を期すためには第三者の窓口を設置する必要があろう。それにも増して、加害者が厳正に処分され、被害者を手厚く保護するには、まず均等法でセクハラを明確に定義して禁止すべきだ。さらに一歩進んで、職場に限らず、あらゆる場面での性暴力を禁止し、処罰する包括的で厳正な法律の設定が必要である。

烏賀陽正弘（うがや・まさひろ）

京都大学法学部卒業。幼少期をニューヨークと中国で過ごす。東レ（株）に入社後、国際ビジネス業務に従事して広く活躍し、そのために訪問した国は100か国超にのぼる。海外より帰任後、同社マーケティング開発室長を経て独立し、現在、国際ビジネス・コーディネーター、著述家、翻訳家として活躍中。

著書には『男だけの英語』、『ここがおかしい日本人英語』（以上、日本経済新聞社）、『読むだけで英語に強くなる』（潮出版社）、『ユダヤ人金儲けの知恵』（ダイヤモンド社）、『ユダヤ人ならこう考える！』、『超常識のメジャーリーグ論』、『頭がよくなるユダヤ人ジョーク集』（以上、PHP新書）『ユダヤ人の「考える力」』（PHP研究所）、『必ず役立つ！「○○の法則」事典』（PHP文庫、中国、台湾、韓国にて翻訳出版）、『世の中の仕組みが分かる！超「○○の法則」事典』（PHP文庫）、『世界がわかるアメリカジョーク集』、『シルバー・ジョーク集』文庫版（以上、三笠書房）、『シルバー・ジョーク』、『ラスベガスを創った男たち』、『ユダヤ大悪列伝』（以上、論創社）など。

訳書に『これから10年、新黄金時代の日本』、『世界潮流の読み方』、『変わる世界、立ち遅れる日本』（いずれもビル・エモット著、PHP新書）、『毛沢東は生きている』（フィリップ・パン著、PHP研究所）がある。

日本人の七不思議

2019年 8 月30日　初版第 1 刷印刷
2019年 9 月 1 日　初版第 1 刷発行

著　者 ―――― 烏賀陽正弘
発行者 ―――― 森下紀夫
発行所 ―――― 論創社
〒101-0051　東京都千代田区神田神保町 2-23　北井ビル
tel. 03(3264)5254　fax. 03(3264)5232
振替口座 00160-1-155266　http://www.ronso.co.jp/

ブックデザイン ―― 奥定泰之
印刷・製本 ――― 中央精版印刷

ISBN978-4-8460-1862-7